凭什么

王小龙 著

文匯出版社

目　录

代序：旧梦 …… 001

梦也会被抽疼 …… 001
太阳的碎片 …… 006
梦的气泡 …… 010
豹子 …… 016
褪色灵 …… 022
火药纸 …… 026
大元帅 …… 032
红厦 …… 037
驳壳枪 …… 043
要准备打仗 …… 047
那畜生是个鬼 …… 052
倒立行走的狗蛋 …… 056
跟屁虫 …… 059
一分为二的朝天龙 …… 063
丁字路口的上面一横 …… 067
鲸鱼眼睛一样的蔚蓝 …… 072
姐姐的怀抱 …… 079
棺材炉子 …… 083
会拉小提琴的老师 …… 088

南大路事件 …… 093
个人主义的程度 …… 097
王家老四学理发 …… 103
孙悟空同志的金箍棒 …… 107
另一只鞋 …… 113

一代一代地往下传 …… 117
前世冤家 …… 121
卡车怎么可以撞人呢 …… 128
死人的事是经常发生的 …… 135
思想不要太复杂 …… 144
廿三根 …… 151
吃饭店 …… 155
搞暗杀不作兴 …… 162
靶场今天是刑场 …… 166
你自己走好 …… 171
就这么回事 …… 180
对不起这世道 …… 189

青岛赋 …… 197
老肖 …… 201
小兰 …… 205
老郭 …… 210
凭什么 …… 216
搬东搬西 …… 220

后记：一切并没过去多久 …… 252

代序：旧梦

他怎么走过来的我不知道。

刚满五岁，他偷偷跟在妈妈屁股后头去上班，过了桥才发现那女人不是妈妈，转过身来，桥不见了。从此他丢了回家的路。从此不再相信女人的屁股。

纱厂里走出苏北爹爹，把他领进门房间。苏北爹爹的阿花被人捉去杀掉吃了，1959年的夏天，没有小偷也没有狗。爹爹上早班，就把他留在黑乎乎的宿舍里，把门锁上。他会站在窗下的木板床上，把脸塞在窗口的栅栏当中，看外面弄堂，看树叶在地上打转，看围墙后的厂房气窗上冒出一丝一丝雪白的棉絮。弄堂里走进走出的大人们慌慌张张的样子，听见一个孩子叫着爹爹、奶奶、爸爸、妈妈，停下来看看他，朝他笑笑，然后叹一口气。人家的背影摇啊摇地远了，他也学着叹一口气。他睡着了，好像在过一座桥。他醒来了，爹爹把一只大馒头伸到他鼻头底下，馒头掰开的地方，夹着油汪汪的红烧狮子头。他和爹爹一起吃，他用嘴，爹爹用眼睛。

爹爹做夜班才带他去纱厂。厂里很多妈妈。妈妈们的屁股都很面熟，但是屁股不算数。她们的手指毛毛拉拉的，跑来跑去的脚步很重。她们耳朵都不好，说话像在吵。纱厂像个装满苍蝇的大盒子，声音在里面一天到晚撞来撞去。吃饭时间，妈妈们到门房间来把饭盒热一热，她们都喜欢摸他头，只有一个喜欢揪他的小鸡鸡。小鸡鸡立了起来，弄也弄不平，只好趴在门房间的木板床上睡觉。醒来时，他在爹爹背上，沿着苏州河，走过一座桥，又是一座桥。每座桥都让他记得一点回家的路，可是他不敢动，不敢跳下来跑过桥去。他趴在爹爹的背上装睡，桥和桥下的河水一摇一晃，天空和早晨的太阳一摇一晃。

邻居家的男孩碗里有一块大肉，他盯着看。爹爹出门转了一圈，拎回一大块肉，烧得满屋香喷喷亮堂堂的。一老一小吃完了躺在床上一声不吭，1962年的冬天，只要能吃饱，谁都不说什么。半夜里他觉得肚子不舒服，听见爹爹放了一个很响的屁。他伸手推推，爹爹冷冰冰硬邦邦的。爬下床来，他在地上摸到一双大鞋，给爹爹穿上，又摸到一双小鞋，给自己穿上。他跪下来给爹爹磕了一个头，然后走出黑乎乎的宿舍，走进月光。

他捡到一张画，画上有个小男孩坐在妈妈的肩头笑个不停，背后许许多多红气球。他小心地把画对折八次，塞进怀里，把筐子里的废纸破布烂铁皮统统倒在阳光下。一起拾荒的小伙伴都不记得坐过妈妈的肩头，他们说以后看到红气球就抢过来，说着就用手把画上男孩白白胖胖的脸蛋抹脏了。卖掉破烂，交一半钱给老大。老大坐在桥下吃西瓜，刚从船上抢来的。老大最大，12岁。老大很大方地请小弟弟轮流啃啃还有一点红颜色的西瓜皮，然后从裤兜里掏出一把子弹壳，每人一颗分给大家。他不要，老大打他一巴掌，叫他蒋匪帮。他们挤进点心店吃阳春面，又是酱油又是醋，辣酱和胡椒粉乱倒，服务员阿姨差点没厥过去。回到桥下，他们躺在黑暗中咿哩哇啦穷唱，桥洞回声轰轰隆隆。天蒙蒙亮，早班车从头顶上驶过，他坐起来，掏出那张画，铺在地上细看。妈妈的脸很好看。妈妈没有屁股，画画的人很清楚，屁股叫人上当。他看见老大睡得糊里糊涂爬起来，哗哗啦啦朝河里撒尿。他摸摸脸上被老大指甲划破的地方，走过去，一脚把老大踢给苏州河。

苏州河上许多桥，自己走过来的是哪一座？他坐在河边发呆。一个穿绿裙子的小姑娘正要过马路，大概上学要迟到，她跑了起来。他知道学校在哪里，可是他没有书包，背上挎着的是一只白木箱，里面棉垫子裹着五十根棒冰。小姑娘一声尖叫，被自行车碰倒。自行车停都不停，一溜烟逃走。他过去把小姑娘拉起来，让她坐在木箱上。小姑娘膝盖擦破了皮，像受伤的白鸽。小姑娘流了一点眼泪，蜜糖一样挂在脸上，他很想去舔干净。小姑娘决定让雷锋哥哥搀扶着走路。一进校门，男孩女孩围过来，小姑娘炫耀地给他们看摔破的膝盖。他自己膝盖没摔破，只好把棒冰拿出来分给他们。一位女老师扶着眼镜走过来，吃惊地看着校园里发生的骚乱，命令学生们赶快把棒冰扔掉，男孩女孩听话地把滴滴答答的棒冰扔回木箱。大铁门在他面前关上了，阳光灿烂被关在里面。他听见女老师在里面喊，老宁波，你眼睛打八折啊，小瘪三也放进来，还算什么市重点？中午，校门打开，男孩女孩唧唧喳喳飞出来，嘻嘻哈哈过马路。那小姑娘跑过他身边，已经抹过红药水的膝盖一晃而过，他立刻转过脸去。他宁可看她被自行车碰倒以后哭出呜啦的样子。他把已经包好的棒冰又重新剥开，把五十根棒冰一根连一根地朝嘴里塞。他从此以后不再说话。不说话也没用，买棒冰的人在他面前站一站就觉得冷，还买什么棒冰，和他擦肩而过也会被一阵寒气刺得直打哆嗦，半边身体像中了风似的。直到一天下午，有人发现苏州河里一只白木箱沉沉浮浮，大家才算松了口气。城里一直在传，说一个卖棒冰的男孩，每天晚上睡在冰库里，白天浑身冰凉地在马路上乱走，说他的血管里有蛇游动，碰一碰他就会被咬伤。

　　他是从新闸桥铁架顶上跳下去的。涨潮辰光，河水浑黄，长江倒灌进黄浦江，黄浦江倒灌进苏州河。他露出水面，已经十五岁了，看见世界一如既往。泊在岸边的木船仿佛泡了一百年还要在那里继续泡下去直到末日来临。嘎嘎作响的起重吊杆忙个不停地把黄沙砖头米袋棉包从船上提到岸上，又把一斗斗垃圾从岸上拎进船舱。拾荒的卖棒冰的兄弟姐妹仍然在两岸奔走，比谁都忙。要想有什么改变，朝水里扎一个猛子的时间显然不够。他在纱厂门口一站，门房间慢吞吞走出了苏北爹爹。他一点不奇怪，只是发现爹爹挂在腰间的枪套一样的皮匣子不见了，袖子上却多了一块红红的袖标。下班后涌出厂门的妈妈每人袖子上都有一块红袖标，其中一个抱着小把戏，走过他面前又若无其事地摸了他裤裆一把。苏州河上的桥还是那么多，他还是认不出哪座是他跟着妈妈的屁股走过来的。甚至桥洞里啃得发青的西瓜皮也还在地上。他把男孩坐在妈妈肩头的画贴在桥墩上，沿着岸边走去。世界很大，他知道，人丢在城里太不合算了，他要到太阳掉下来的远方去。

他走出了我的梦。
我记下来：远方远方，就是很远很远的地方。
这是我曾经写过的最好的一个句子。
一句废话。

梦也会被抽疼

啊,他把嘴用力张大。穿白大褂的医生脸贴了上来,唔唔左边一颗右边一颗,就在一张牙齿示意图上找到这两颗,各打一个大叉。然后,右手一柄小铲,左手一片玻璃,用小铲在玻璃上搅搅拌拌。他张大嘴巴坐在医生对面,正好看得分明,那是一小团水泥。医生挑起一点,举过来伸进他嘴里,冰凉地填在左边的蛀牙上。接着是右边。不疼,就是嘴张得时间太长,觉得自己成了菜场鱼摊上的胖头鱼。

他双手揉着两边腮帮子出来。操场上队伍排得老长,他一路过去,同学们一路朝他哈哈穷笑,开始被笑得有点糊涂,后来发现是摇摇跟在他后面,也是双手揉着两边腮帮子。

老师说补过牙的可以先回家,他和摇摇就走了。一路活动着嘴巴,有个问题还是搞不懂,怎么会人人都有蛀牙?不是人人,谁谁就没有。那怎么会这么多人有蛀牙?老师说,国家战胜了自然灾害，人民生活水平提高，小朋友糖吃得太多，所以蛀牙也多。你吃了很多糖吗？摇摇想了想，说没，你呢？他说我吃多了，我们家拿糖当饭吃，吃得个个像大白兔，走路蹦蹦跳跳。

走到路口，碰到游行队伍过来。大人们高举着旗帜和横幅，挥舞着小竹竿上的标语纸，要古巴，不要美国佬。他那时不懂要不要还有喜欢不喜欢的意思，心想这古巴和美国佬好玩，糖似的，可以要，也可以不要。摇摇很讨厌游行队伍，说他们是小偷。摇摇家沿街，妈妈经常腌咸菜，把菜泡在木盆里用脚使劲踩踏，然后一挂一挂晾在门口，搭在行道树之间的绳子上。每次游行队伍过去以后，咸菜就少了一些，摇摇妈妈会破口大骂，三只手，烂肚肠，杀千刀的，面皮厚过城墙。

他和摇摇看中了打火机厂的篱笆墙。趁没人注意，一人去拆了一根长长的竹竿下来。他们操练竹竿战法，站在马路对过的给水站这里，要看看哪个杀千刀的敢偷咸菜。只要有一只手伸出队伍，马上会有好多手跟上来摘咸菜。前头一拨过去，他们都没看见，一挂挂的咸菜就稀疏开来。后面一拨过来了，他和摇摇紧紧盯着。第一只手刚刚伸出来，他们举着竹竿呀呀地冲了过去。游行队伍被冲乱了，口号也冲乱了。那第一个伸手的大人后背吃了几下抽打，反身抓住两根竹竿，一用力，把他和摇摇拽到身边，啪啪一人一个耳光。大人们围上来，挥舞着小竹竿上的标语纸，噼里啪啦一顿惩罚，说他们破坏游行。口号又整齐地喊将起来，要古巴，不要美国佬，卡斯特罗们举起标语纸破碎的小竹竿。他

和摇摇渺小地蹲在行道树下，变成了翅膀折断倒栽葱的肯尼迪。

咸菜，不提了，除了摘走的，上下街沿散落一地。

摇摇吐了口血红的唾沫，又用手指在嘴里掏了掏，掏出几粒水泥来。

梦也会被抽疼。我经常想不起梦中景象，却经常在无缘无故的阵阵疼痛中醒来。

真的，那时候，小朋友舌头舔舔，嘴巴动动，随时可以吐出一块水门汀来，我告诉一帮小同事。我们在一家小酒家吃晚饭。年轻的同事们狐疑地看着我。一个姑娘憋不住，噗地把饭菜喷了一桌，然后笑得浑身乱扭，说打死我也不信，补牙用混凝土。我看看其他人，谁都不信的样子，只好补充说，可能是磨得比较细的水泥，再加点胶水。他们集体哄笑起来，觉得这老同志有意思有意思。

第二天，笑得喷饭的姑娘来找我，说问过爸爸了，爸爸说有过的，标号高的水泥，加工一下，不过只用了很短一个时期，说得出这种事的人，至少六十岁。

她爸爸以前是医院院长。

她爸爸的判断大致没错。

太阳的碎片

他在地上抠碎玻璃。就他一个。中午,太阳直直地照下来,后背和手臂都晒疼了。抠碎玻璃这件事,就要在太阳大的时候做,因为容易找到,有反光。

以后他问过好几个同龄人,记不记得满地找碎玻璃的事。都不记得了,眼神一阵空洞,碎玻璃,要来做什么?他就是没把握要来做什么才问的。肯定可以换钱,攒够一定数量,交给废品回收站脏兮兮的大爷大妈,换一两个硬币几分钱在手心里。没准可以直接换糖吃?那种甜甜的面饼,小贩用担子挑来的,圆圆的铁片切下去,当当当,敲出一小块。那糖好吃吗?忘了。

有时,院子里能同时看见好几拨小孩蹲在地上一点一点地搜寻过去。

不止他一个。他看见前面几步的地方,阳光中有黑影晃动,也蹲着,在地上抠几下,往前挪挪。他看不清那是谁,叫了一声,也没答应。他顾不上了,跟前正有块大的,他一点一点抠下去。泥地,无比坚硬,都快赶上水门汀了。不知道费了多少功夫,手都起泡了,才把一大块酒瓶底子起出来。他捧在手上,觉得比盆还大,比缸还大,太阳似的,一闪一闪。想告诉前面那谁,黑影在拐角一晃,不见了。

小学头几年的课余和暑假,全城的小孩都蹲在地上抠碎玻璃。那些年,苏联老大哥很不上路,趁我们自然灾害翻脸了,还逼债。老师说中国拿苹果和鸡蛋去顶债,苏联人端着铁丝圈量大小,苹果和鸡蛋小了就扔掉,同学们气坏了,馋死了。老大哥的宇航员加加林飞上太空。老大哥在德国修建了柏林墙,把一个城市分成两半。老大哥把导弹运进加勒比海,我们要古巴,不要美国佬。美国总统肯尼迪遇刺身亡的时候,他和其他中国孩子蹲在地上抠碎玻璃。

然后就下起了大雨。

然后院子和马路都泡在水里。

一下大雨就漫大水,一整天都退不下去。有几个同学的家在马路边,家里地面比上街沿还低,开门就往下走的那种,你想那家里被水搅乱的样子吧。大人小孩在门口用木板用稻草胡乱筑坝,用脸盆徒劳地舀水往外泼。公共汽车开过,一股浪头涌来,坝就垮了,气得大人摔了脸盆破口大骂。

他们不管,在水里疯跑,还把家里的脚盆澡盆搬出来冒充鱼雷快艇巡洋舰。那水脏的,什么都有。他们不管,脚都泡白了,在院子里马路上噼里啪啦乱蹚乱踢。

然后水忽然退了下去。
然后阳光更加猛烈地照射下来。
抠碎玻璃和在大水中奔跑,这两个场面怎么连在一起了。
他好像忽然明白了一件事,为什么那时光着脚到处跑,也不怕脚底被割破。原来碎玻璃都被捡光抠走了。只是不明白这到底是小孩的本能呢还是大人的好意。大人不可能唆使废品回收站和卖糖的小贩收下碎玻璃,可是大人看着小孩满地找碎玻璃,从来不说。

都给捡光抠走了,院子不再闪闪发亮。
马路也不再闪闪发亮。
他只好黯淡无光地在河边瞎转。一个正在给怀里婴孩喂奶的妈妈,一手端着奶子,一手使劲甩着空空的酱油瓶。他站下来等,最好她手一滑摔碎,要么直接脱手飞过来,他准备接住。大概甩干了,妈妈把瓶子放到身后藏好,把奶子也塞进去藏好。

一辆卡车迎面开来,很夸张地斜停在他面前,然后倒车,倒向河边胸墙。它难听地吼叫着,浑身颤抖,把屁股用力撅起来。车上哗哗地倾倒下来一大堆白花花的东西。卡车开走了,白色的屑屑粒粒跟着洒了一路,阳光突然照亮河边,一路闪闪发亮。他回头一看，那一大堆东西也闪闪发亮起来，简直是在又叫又喊，像海边的潮水和兴高采烈的小朋友们。

一大堆玻璃渣子，像是故意打得很碎的瓶瓶罐罐，小山一样出现在河边。

能换多少钱啊，能换多少糖啊。

他惊呆了，站在那里动弹不得。想用手抓。想用口袋装。想用衣裳包起来。想回家去拿书包。想找辆手推车。想去找其他小朋友来。想过一百种办法，可是却动弹不得。他甚至觉得不能离开一步，只要一转身，眼睛一不盯住，那一大堆玻璃渣子就会在阳光下融化。

动弹不得，手指都没去碰一下那些可爱的纯洁的闪闪发亮的白色碎屑。

过路人把他送进了医院。他头疼得醒了过来，哗啦哗啦吐了一痰盂。针筒和点滴瓶在他眼前闪闪发亮。

是哪家化工厂倒出来的瓶瓶罐罐，有毒，打碎了准备装船运走。

梦的气泡

吐咕吐咕吐咕吐咕……

他抓了块人家窗台上晒着的橘子皮,问小雅,这是什么皮?橘子皮。你妈大肚皮。说完就跑,让小雅追。追上可不得了,要挨掐,她掐人可疼了。

小雅是他同学,又是邻居。这女孩怪,不去玩挑绷绷、踢毽子、造房子什么的,偏要跟男孩玩四刮片,玩扔砖头,玩撑骆驼。不带她还不行,她赖在场地当中不起来。玩得时间长了,发现她蛮有战斗力的,男孩们也就算她一个了。

小雅戴眼镜,两片大大的玻璃。他以为可以占点小便宜,就跟她玩丁纽扣。用粉笔头在水泥地上画一个四方格子,让对方把纽扣放在中间,然后捏着自己的纽扣,站直,瞄准,手指一松,纽扣掉下去,把对方的纽扣丁出格子外,就算赢了,对方的纽扣就归你了。没丁出格子就换着来,对方丁你。丁出格子,你自己

的却留在里面,就不能动了,对方抓起侥幸的纽扣,丁你。纽扣大点,分量重点,肯定占上风。他以为小雅近视,自己赢定了,就骗她把家里的纽扣偷一把出来。不知怎么搞的,玩了没多久,他发现自己口袋里的纽扣没剩几颗了。古怪古怪。他把小雅的眼镜摘下来,自己戴上试试,不行,头昏眼花。小雅无辜地看看他,问还玩吗。就这样,剩下的几颗纽扣又一个一个地到了小雅口袋里。他气坏了,在格子里吐了一团口水。小雅捏着一颗刚才还是他的纽扣,站直,瞄准,手指一松,纽扣掉下来,咦,明明丁到了,怎么丁不动?她蹲下来,用手指一摸,才知道上当了。

她追着他打,从楼下追到楼上。她妈妈看见了,就骂,丫头不像丫头,像野小子。小雅不管,照样跳到他背上死掐。

吐咕吐咕吐咕吐咕……

他削了一只很漂亮的菱角,再把买来的铁脚打进去,刻上线槽,行了,去找点蜡来打上,就一级啦。揣着菱角下楼,看见他们在抽贱骨头。小雅的那个贱骨头,好像也是刚做的,很新,又很胖,转转转,把其他男孩的贱骨头都撞出圈外去了。她摆出一副试看天下谁能敌的架势,问谁还来。都不来了。问他,他说我是菱角,意思是不在一个级别。小雅说,我怕你?她唰地把贱骨头甩进圈子,啪啪抽了几鞭。他没办法,掏出菱角,缠上绳子,用虎口卡牢,无名指和小指扣住绳结,飕地砸了过去。他不是故意的,根本就是瞎打误撞,咔嚓,菱角把贱骨头劈裂了。菱角在地上胜利地旋转,那又新又胖的贱骨头成了破碎的癞蛤蟆。小雅哭了，揪住他衣领要赔。甩也甩不掉她，他到哪，小雅揪住他衣领跟到哪，像什么样子嘛。好了好了，菱角借你玩玩，行吗？行，玩到我不想玩为止，不许跟我要。算什么名堂啊。

吐咕吐咕吐咕吐咕……

长大了一点，就不在一起玩了。小雅去跟其他丫头跳绳跳橡皮筋了。上学也自顾自走，不跟他勾肩搭背打打闹闹一路了。

中学又在一起，同校，不同班。小雅妈妈在楼上喊，和我们小雅一起走啊，别让小流氓欺负她啊。他下楼，小雅已经走到老公房拐角了，她妈妈说哎哎，怎么不等哥哥？小雅在前头走，他在后面跟。就这么，每天早上根本不用看钟点，听见她妈妈喊过马路当心啊就下楼，小雅刚好走到老公房拐角。有两三站路，要走三四年呢。回家他自己走，或者和其他同学走，不等小雅，她是红团干部，放学后工作很忙，眼睛在镜片后瞪着，照片拍下来可以去贴在光荣榜里。

后来，他和小雅各自进厂上班去了。

后来，小雅结婚了。她自己来送喜糖，一进门，叫了声哥。他说你怎么还这样。她问什么样。眼镜倒是换了，人还那么难看。难看你不要看。他说你这会儿叫得亲热，又不请我去喝喜酒，小气鬼。小雅说没办法，革命化。你那位小上海，很革命吗？小雅被他说得要哭。

再后来，小雅家搬走了。他下班回家才听说，就走进对门去看。屋里一地垃圾，还有一只菱角，他捡起来看看，铁脚锈了。

吐咕吐咕吐咕吐咕，本来想说这是梦的重复和滚动，是那种平心静气的意识流淌，有点像下水道不太畅通时的声音。而梦一律黑白，我从来没做过什么彩色的梦，哪怕大白天在街上。就这样，似乎是有着某种潜在的规律，那些梦，冒着有意思没意思的气泡。

没那么玄。其实是在打字时，我发现自己的舌头一直在嘴里忙碌，一直在做着一种小时候做过的练习，吹过竹笛的都知道，单吐和双吐，就这样，吐咕吐咕吐咕吐咕，吐咕吐咕吐咕吐咕，16分音符，每小节4拍。

豹子

那年冬天冷得要命,他就是那年开始手脚长冻疮的。哪里像现在,冬天不像冬天,简直是一个跟斗翻了过去,从秋天一下就到春天了,连冻疮都来不及长。

同学阿连穿过冷风走过来。阿连冬天只穿一件衣裳,一件旧铁路制服,铜扣早就没了,五粒扣子五种式样。阿连两手插在裤子口袋里,两条腿轮流抖动。倒不是冬天才抖,阿连两条腿一年四季都在乱抖。看到阿连,他忍不住打了个寒颤,说你不冷啊。阿连说不冷,我火气旺,再冷也没感觉,哪里像你,恨不得把被子裹身上。阿连喜欢半仰着脸,这样眼睛就可以朝下看人,摆出一副墨索里尼的腔调,有事没事都要嘿嘿冷笑几声。不冷,他不太相信,阿连嘴唇都冻得发紫了,火气旺个屁。

他们在校门口等着看门老头开门。马路对过有摊子卖咸鸭蛋,阿连就说高邮是我家大大打下来的。打仗有军师旅团营连

排,怎么可能是你家大大一个人打?阿连说就是的,高邮是我家大大打下来的,说着,半仰起脸,老卵腔调又来了。阿连的大大就是伯伯,爸爸的哥哥,新四军,高邮一仗打的是日本鬼子还是国民党都说不清楚,反正阿连怪叫一声统统死啦死啦的。

阿连第一节课就被班主任叫起来,一直站到下课。班主任说明天再不交学费,你就不要到学校来了。阿连眼睛朝下看看周围坐着的同学,嘿嘿冷笑几声。

早晨他去叫阿连,阿连出来,小声说再等等。他看见阿连回到屋里,转来转去,磨磨蹭蹭,好像在等什么。阿连的爸爸妈妈都在,假装什么都不知道,什么都不说。再不走上学就迟到了,他说那我先去了。走过菜场,阿连追了上来,一起朝学校走。他冷得打了个寒颤,看见阿连眼睛里全是泪水。

阿连又被罚站了一节课。

班主任让他帮助阿连,就是放学后到阿连家去,两人一起做功课。这很容易,他做完让阿连抄一遍。然后,他们撬开煤炉烧水。因为他说盐在水里溶化后,如果让水蒸发,盐还是盐,阿连不信。把家里一罐盐倒进锅里,搅拌搅拌,等看不到盐了,就盖上盖烧。一直烧到听见锅里噼里啪啦响,打开锅盖一看,果然盐还是盐。就是没刚才白了,因为炒菜锅没洗干净,一粒粒变成黄色的了。阿连说糖呢,糖会不会?应该是一样的。就再烧糖。烧了半天,听不到噼里啪啦响,却闻到一股焦味,打开锅盖一看,糖结成了黄黄黑黑的一大块。他们没办法了。

豹子

第二天，他看见阿连脸上青一块紫一块的。好不容易挨到下课，他问阿连是不是被爸爸打的。不是，妈妈。

阿连跟全班一起去动物园。阿连以前从来不参加这种活动，因为要交五分钱或者一毛钱。他问阿连怎么来了，阿连说把那袋橘子皮卖了。对了他记起来了，阿连攒着一大袋橘子皮，准备换钱买铁皮垫板的。

先在大草坪上集体活动，唱歌和做游戏，然后说好集合时间和地点，自由活动。他和阿连去狮虎山。路上，他说狮子和老虎其实都是猫科动物，阿连不相信，说不可能，乱发明。不是乱发明，是书上说的。他心里没底，所以理不直气不壮。阿连问，猫会上树，狮子老虎能上树吗？好像不能，猫没教老虎上树，猫是老虎的老师。阿连说那是童话故事，骗人的。到了狮虎山，先看说明牌子，狮子是猫科，老虎也是猫科。阿连死不买账，嘿嘿冷笑，仍旧一副墨索里尼腔调。

豹子也是猫科，豹子会爬树。他们就去看豹子。一头豹子卧在阳光中打盹，另一头沿着铁栅栏来回走动。和养尊处优的狮子老虎不一样，狮子老虎没什么不满意的，最多无可奈何地哼哼几声，豹子就不同了，那眼里的光芒，一片冰冷，全是仇恨，看得你浑身冰冷。他告诉阿连，豹子其实最厉害，咬人不算，还撕。阿连又不相信，说不可能狠过狮子老虎，看块头大小就知道。说着，阿连双手一撑，翻到安全护栏里面去了。他说不可以的，你快出来。他担心有人看见会骂，正东张西望呢，那头豹子扑到铁栅栏上，张开大嘴吼叫起来。真的不明白为什么啊，阿连对着豹子也张开大嘴吼叫起来。太快了，都没看清，豹子的前爪突然探出栅栏，划了一下，阿连捂着脸就倒下了。

所有大人都抓着他问。

所有同学也来问。

怕人家爸爸妈妈再问，他没敢去阿连家。

过了一段时间，阿连又来上学了，还是他同班。他不太敢看那张脸，歪斜着，耷拉着，眼睛朝下看人，更墨索里尼了。

那次被谁约在酒吧，座中有位海外同胞，说她自小到大美妙想法一个连一个，蘑菇似的往外冒，说假如有人专门跟在后面实现她的想法，中国早就不是这个样子了。她主动赏脸拿过我的三五，抽出一支，点上，深吸一口，很豪迈地喷着烟雾，开始咒骂大陆虐杀动物，说去动物园看看好了，每个笼子上都写着可不可以吃。我想了半天，不记得看到过这种文字，哪有？哪会？直到半夜，临散场前，想起来了。我特地过去跟那位同胞解释，食肉类，是动物分类，不是食物分类，是说它要吃我，不是我要吃它。

褪色灵

五皮蛋心满意足，说不要紧，我晚上拿出来，爸爸眼睛不好，看不出。

他用褪色灵帮五皮蛋褪掉算术的 2 分，再用蘸水笔蘸了红墨水小心地写上 3。跟老师写的总归不大像。那时有成绩单，油印的，一学期一张，拿回去自己看，哪里像现在，家长联系册，拿回去签了字还要交还给老师，再想改分数就太惊险了。

有了褪色灵，五皮蛋在家里就少吃几顿生活，他爸爸会说，小赤佬总算开窍了，及格就不错了。

叫五皮蛋，是因为有次打牌，力争上游，四个人两副牌，最后剩他和五皮蛋对搏，五皮蛋五张牌，他六张，五张 J 一张烂污泥 2，打不死他？五张 J 啪地甩下去，他正要嚣张，五皮蛋轻轻放下五张 Q，啊哟啊哟不好意思，我五皮蛋。

小学四年级的事了，1964 年，他们刚被允许用钢笔。那时低年级只能用铅笔，小学生可以在练习簿上改来改去。课堂作业的时候，就听到一片橡皮乱蹭的声音，带得课桌都轰隆轰隆响。橡皮丢了或是没带的就觍着脸向同学借，要看关系，要看脸色，为橡皮翻脸甚至打架的事情天天都有。升四年级了，大概写下去把握大了点，老师同意用钢笔了。这是个重大的历史节点，总算轮到他们在胸口贴袋上别一支钢笔了。那时怎么说的，别一支是中学生，别两支是大学生，别三支——是修钢笔的。虽然还没上中学，别一支钢笔感觉老好，走在马路上老有腔调。

其实钢笔是旧的，姐姐用下来的英雄笔。写着写着一滴墨水漏下来就化成一大摊，渗透好几页。别在胸口贴袋上也有危险，那时全中国的中小学生大概左胸前都有一摊洗不干净的墨渍。他在修钢笔的老头身边看了两个钟头，想知道钢笔是怎样修成的。老头过一会儿就推他一把，说小赤佬走开。他就不走。他认为已经学会修钢笔了，开始对付那支旧英雄。找个搪瓷碗盛满清水，把钢笔拆开，零零碎碎泡在水里。找把尖头钳，夹紧笔头当中那条缝，再拗平翘起来的笔尖。统统洗干净，清水过三遍，然后仔细装好。别说，真修得好，写起来像新的一样。姐姐抢了过去，把她那支笔尖勾纸的永生笔丢过来。他只好再修。

后来就修到学校里去了，男同学求他，女同学也求他。人聪明，没办法。

写钢笔，橡皮还是要用的，长橡皮，两头楔形，一半软一半硬，一半白一半灰，双色奶糖似的。改钢笔字要用灰色磨砂的那一半，很耐心地蹭蹭蹭，急了会把纸蹭破。老师举起练习簿，透过纸上的破洞张望，大家乱笑，他说是纸头不牢，老师说好的，你去买本铁皮练习簿。

这时候开始有卖褪色灵了，透明的，水一样，闻闻有点冲鼻子。听说是地下党发明的，后来公安局专用，再后来流到社会上投机倒把分子用起来了。人民政府想想不要烦了，一小瓶一小瓶放在文具店里卖，管你改作业还是改发票改证书改户口簿。爸爸就买了一小瓶，放在家里几个孩子用，还说用得多的孩子说明没出息。他没出息，常常用，写错了用，写得不好看也用。他还带到学校里用，带到学习小组用。涂上去，吹一吹，哈，错误没了，风凉得一塌糊涂。

替五皮蛋改过成绩单，这只大嘴巴传出去了。考试一结束，好几个同学贼头狗脑来找他。他忙死了，又要修钢笔又要改分数。人家问他怎么不来打牌，五皮蛋说他在摆测字摊。

又考试了。他知道五皮蛋又不及格，正在想这小贼怎么不来找麻烦了，五皮蛋来了，神秘兮兮地摸出个非那根药水瓶，说里面是仙水。也透明，带点红。五皮蛋不知从哪里打听来的，说褪色灵就是泡脚气的高锰酸钾水，就去人家脚盆里灌了一瓶。灵不灵当场试验，用红墨水写了老师的名字，拿五皮蛋的脚气水涂上去，咦，名字渐渐淡了，最后没了。五皮蛋在旁边风凉啊，得意啊，一把钥匙插进胸口——开心啊。

就有点红，高锰酸钾水的颜色加上化开的红墨水，成绩单上红红的一摊。五皮蛋说我晚上拿出来的，爸爸眼睛不好，没看出来。

还没完。五皮蛋抓过女生的一支圆珠笔，在自己白衬衫的肚皮上画圆圈，画了一圈又一圈，疯了。他有点吃不准，问，圆珠笔也可以啊？五皮蛋说，啥叫褪色灵？啥叫仙水？随便啥颜色一律褪掉！他解开纽扣脱下衬衫拿脚气水倒了上去。大家等着。一直等到一瓶仙水全部倒光，等到放学，等到天黑，圆珠笔画的圆圈还是圆圈。

五皮蛋第二天鼻青眼肿。

上礼拜我讲给同事鹭鹭听，鹭鹭说高锰酸钾水可以褪色，但是圆珠笔里不是墨水是油啊。这个我知道，我问的是高锰酸钾水用过，留下红色的痕迹怎么办。鹭鹭说笨啊，用维他命水漂一漂就彻底了。哪能像印照片，显影了还要定影。我说你做犯法事情蛮精通的，我说我小时候认得你就好了呀。

火药纸

我不知道现在还有没有这玩意了，就一张连环画大小的红纸上，鼓着一个个小圆包，臭虫块大小，和现在铝箔包装的药片样子差不多，不过不可以用手指揿出来的，小圆包里的药是火药。

火药纸造出来是给发令枪用的，那种重得要命的假手枪，枪身用铅还是锡浇铸，没有弹仓和枪筒，也没有枪栓，机关是后头羊角般翘起的两个铜制小榔头，扳机扣一下打一个，再扣一下再打一个，打就打在插进去的两小块火药纸上，那小圆包会炸响，啪，一股白烟冒出来。发令枪是体育比赛用的，跑步啦游泳啦，为了免得听力不好或者干脆耳聋的运动员听不见，正式比赛时会在发令员身边竖一块黑色的圆牌，比他头高一点，让他把枪伸到圆牌前面，枪一响那股白烟在黑底色上就很显眼了，听不见还能看不见？当然啦，等看见了再起跑再起跳已经晚了，那没办法，谁让你耳朵不灵。

我不知道现在还有没有火药纸这玩意了。如果只是发令枪用，用不了多少，可是小辰光到处都是，哪个男孩身边没有几张？烟杂店卖，小摊贩也卖，专门卖给我们这种有事没事要弄出点动静的捣乱分子。

他的火药纸不是买的，是大头菜的妈妈送的。大头菜妈妈早晚在菜场边上摆摊头，卖火药纸四刮片盐金枣青橄榄，卖鞋垫口罩橡皮筋耳朵套。她的儿子是他同学，姓蔡，头长得比较大，所以叫大头菜。大头菜和他去学雷锋做好事经过菜场，妈妈送给他们一人一张火药纸，关照不要闯祸不要去唬人家一跳。火药纸就是用来唬人家一跳的，正大光明一个个圆点敲过来，声音再响有啥意思？他们小心翼翼地把火药纸叠两叠，藏在裤子口袋里，心怀鬼胎地去集合。

做好事跟火药纸没什么关系，简要汇报一下，就是大家排队走到虬江路宝山路口，二选一，要么去教育随地吐痰的大人，要么看到老人过马路就上去搀扶。男孩不好去教育大人的，要吃毛栗子的，老三老四的事情还是留给女孩去做，男孩去搀扶老人过马路吧。很多事情本来不错，一做规矩就尴尬了，做到后来要出洋相。他和大头菜搀扶一个要去铁路南面来安里的阿婆过虬江路交通路，两条路交汇，走过去时间长了点，阿婆念了一路作孽啊罪过啊谢谢乖囡啊，到了对面上街沿，他们马马虎虎敬了队礼就跑回来了。阿婆在那里慢吞吞转身要进弄堂，被对过做好事的同学看见了，喜出望外地扑上去拉牢阿婆过马路，就又走回来了。他和大头菜气死了，只好再把她搀扶过去，害得阿婆过这个娘西匹的路口走了三趟。

作为做好事的奖励，全班集体去泰山电影院看《地雷战》。和《地道战》《南征北战》等等电影一样，从小到大他看过没有一百次也有八十次了，每句对话每句旁白每段音乐都能背出来，每次去电影院基本上都是中小学生集体配音。这次稍微有点不一样的是他和大头菜带了火药纸。没带砸的东西怎么办？好办，大头菜抬起脚来亮出鞋底，说我有法宝，他那双翻毛皮鞋的后跟像马蹄一样钉着一块铁掌。翻毛皮鞋大概是他爸爸的，爸爸被抓去坐牢，鞋子就令人羡慕地提前传下来给他了。电影里只要一打枪一放炮，大头菜就脚后跟用劲踩地上的火药纸，啪，啪啪，观众们感觉泰山电影院音响设备像环绕立体声一样，不，不对，六十年代没这种概念和讲法，反正是身临其境的效果吧。大头菜一得意，"巴巴雷"响的时候也踩了一脚，啪，连他们自己都唬了一跳，马上被查票的阿姨揪着耳朵拎出去了。

两个人没事做了，就趁北站铁路职工通道看门老头打瞌睡，溜进站台，打算沿铁路抄近道从红厦出去。他们踩在铁轨上走，看谁不掉下来。大头菜穿着那双翻毛皮鞋，稳得没人可比，他只能速度上胜出，向两边平伸双臂保持平衡，飞快地朝前交替行走。到出口了，远远看见老山东站在那里，怎么正巧这坏老头子当班？赶快贴紧围墙躲好，心脏狂跳。老山东抓住溜进来的男孩，会扒下裤子在屁股上涂柏油，那种臭烘烘的东西，洗都洗不掉，最讨厌了。他们决定翻围墙爬出去。他跳了一下，手巴着墙头，脚蹬两下就上去了。大头菜分量重，脚上那双鞋又成了累赘，怎么都爬不上来。他骑在墙头拉兄弟一把，力气正用到紧要关头，突然觉得大腿根一阵刺痛，痛得眼前白花花一片。就这样，他都没松手，拉着大头菜先够上来一条腿，再翻上来和他面对面骑在墙头。跳下去就容易了，跳下去爬起来，想不出刚才大腿根刺痛是怎么回事，还在痛，不能碰。他把手伸进裤子口袋，口袋没了，捞出来一撮烧焦的布片，他奶奶的杀千刀的，是火药纸摩擦起火了。褪下裤子看看，烧伤了一大块，黑糊糊黏唧唧的。

这才是我要讲的火药纸的故事，就是我大腿根部这块伤疤的来历。我很少讲起，因为部位关系。当然，很少有人看到过这块伤疤，凹凸有致，明暗交错，像一块神圣的印记，或一幅后现代版画风的隐秘纹身。

大元帅

好多年后,已经到了爷叔的岁数,又碰到了。反动派开口就说大元帅,说他打听过,那地方发过大水,墙根的土沟就是大水留下的裂缝,大元帅都出在发过大水的地方。反动派说那地方他后来又去过,每年必有一头凶狠的,但是像革命先烈一样厉害的大元帅再也没出现过。

那是南翔火车站过去第一个道口值班室的外墙背后,比下边的山芋地高出许多的地方,两人紧贴墙根蹲着,反动派揪一根狗尾巴草,放到嘴里吧嗒吧嗒嚼,问他,吃过西餐吗?吃过,我爸带全家去的,国际饭店,房顶是活动的,拉开以后头上就是天,一颗一颗星星要掉下来一样。反动派不相信,说,你会用刀叉?刀叉怎么分左右手?分什么分,用手抓,面包,色拉,牛排,刀叉用来打架,自己跟自己打。

他们撅着屁股在拉屎。眼前看出去一片山芋地,叶子都被晒得蔫不唧唧的。午后，附近大树都没一棵，也就墙根有点阴影。从墙根到下边农田，地面裂开几条沟，他们就把屎拉到沟里。屎拉完，肚子空了，咕噜咕噜叫饿。带出来的几个馒头早吃光了，只好咽两口唾沫。

他们天没亮就去了，赶早捉那些吃露水的蟋蟀。去年就看好这地方了，谁都没告诉，憋了整一年呢。天蒙蒙亮，虫鸣一片，他们心花怒放地听着找着捉着，把蟋蟀灌进竹管筒的时候，翅膀上还带着亮晶晶的露珠呢。

反动派问，用什么擦屁股？用山芋叶子。要拎着裤子跑到山芋地里去，不干。还有个诀窍，你看墙角。看什么？那黑黑的。反动派盯着墙角看了半天才明白过来，妈了个巴子。

他腿蹲麻了，往后挪挪靠墙，说不少了，够了吧。反动派嫌不够，说捉到的都太小。竹管筒都用光了呀。捉着大的把小的放了。放了？放了。那还不如就地让它们斗，赢的活，输的死。好呀。

反动派叫这么难听的绰号是有原因的。反动派的爸爸真的是国民党，大字报上写着，就贴在他家门口。反动派在院子里解释，说不是的，是集体加入的，机务段集体，就签了个名。大龙说人家又没用枪用刺刀逼着你。知道个屁你们，不签名就要开除的。开除也不能签名，枪毙也不能签名。反动派气极了，说又说不过，呜呜哭了起来。听大人说过，是有这事，铁路的留用人员大半是国民党。他也仔细观察过小反动派的爸爸老反动派，穿一套旧铁路制服，戴一副老式眼镜，提一只不干不净的腰子饭盒去上班，好人不像好人坏人不像坏人。

就这时，他发现沟底下有动静。在掉下去的一条屎旁边，有一头蟋蟀，虚虚实实，很大的样子。他手比划着让反动派住嘴，赶快到下面去。反动派一脸疑惑。他只好小声说，大的，在底下，你下去候着。反动派一提裤子顺着土坡出溜下去，翻身趴在沟的那头。他找了根长长的狗尾巴草，掐下来当工具，伸到沟里赶那头蟋蟀。现在看清了，大得像油葫芦，额头上一点红，传说中的大元帅啊。他尽量控制住呼吸，捏着草茎的手指在嗦嗦发抖。大元帅好像挺留恋那堆屎，一步一回头，磨磨蹭蹭往外走。反动派端着大号丝网趴着，看得眼珠子都绿了。大元帅了不得啊，迎面看见反动派，不躲不闪，张开透明翅翼，嚯嚯叫着，竟一头扑进丝网。

把大元帅请进竹管筒，才想起屁股还没擦。他要扯山芋叶子，反动派偏要去试试老百姓的诀窍。他们拿屁股沟去蹭墙角，妈拉个巴子，很疼的。反动派回味无穷，问，你敢肯定是大元帅？肯定，没看它不怕死的样子，革命先烈一样。许云峰啊，王孝和啊，反动派乐坏了。

那年夏天，大元帅帮他们赢了多少场啊。胆小的对手触须一碰就倒着走，吓得牙都张不开。胆大的没头没脑冲上去，一个回合就缺胳膊少腿了。好不容易碰上牙对牙咬牢的，大元帅头一挥把对方甩出盆去。

好多年后，他问反动派，你玩到现在这样，相当于什么层次？反动派想了想，说如果玩虫的也有排行榜，我大概在前十名。真是人不可貌相，要刮目相看了。他说下次带我去看看。反动派警惕起来，问，你是不是要拍照？不拍不拍先不拍，就看看，领教领教。好，反动派答应下来，说让你见识见识，兄弟我在这片领域也算是个人物。唔，还算低调，大概因为是在赤屁股兄弟面前，没啥好老魁的。

地方不大，是什么活动中心的乒乓房，沪闵高架莲花路下去右转弯，走不远就到。一进去就被场面震住了，两边各有一排长凳一排长桌，后面就一排比一排高了，人都站上去，像合唱队站台阶，像准备和中央领导合影。当中的乒乓桌算是核心区，第一排空着，等候重要人物进来入座。他跟着反动派混了进去，跟着第一排的人物坐了下来。反动派悄悄说能坐下来的至少一只手。一只手，押五万块以上。又进来几个人，端着秤、蟋蟀盆和玻璃格斗盆。中间坐下的中年男手里只有一根草，蟋蟀丝草，笑嘻嘻地问这边，开始好吧？主要是问反动派。反动派老实不客气，不问左右，点点头就是了。人物啊，是人物都这样，不动声色之间，你死我活就定了。这个老早的小跟屁虫，出息大了。

嘘，开始了。中年男两边两个助手先后把蟋蟀盆放到秤上，很大声地报出分量，一头五斟，一头四斟八，模子大小有一点，看是看不出。然后，他们很专业地开盖，把蟋蟀赶进格斗盆的左边右边。中年男照旧笑嘻嘻地看着这边，伸手捏住盆中间的隔片，只轻轻一抽，空气顿时凝重起来。两头蟋蟀形似怒气冲冲的西班牙公牛，直奔对方而来。天哪，连蟋蟀碰撞和撕咬都能听见，你想这场子里静的。几秒钟还是十几秒钟，竟漫长得跌宕起伏，直到其中一头曜曜高歌，场子里才轰然大作。

他根本没看清哪头是哪头，估计反动派赢了，因为反动派转过身去向后面台阶上的赌客拱手作揖。就这时，有人喊，黑猫来冲啦，快走。就是警察来了，上海有个动画片叫黑猫警长。谁把灯关了，霎时漆黑一片。紧接着，他听见身后长凳长桌哗啦倒了，人和人砸作一堆，骂山门叫救命充满一房间。反动派拉起他就朝外逃，他又慌张又好笑，心想怎么卷到这麻烦里来了。黑咕隆咚慌不择路之际，蓦然又看见了那个遥远的道口遥远的午后，那头革命先烈一样的大元帅。

红厦

他凭耳朵就知道有多冷。长着一对招风耳,有什么办法。耳朵冻疼了,要用双手捂着,捂一会,好一点。穷在债里,冷在风里,这话,招风耳最懂。

现在是下半夜三点,他两边胳肢窝下各挟着一张小板凳,在马路上等地瓜出来。小年夜过了,已经是大年三十,他约了地瓜一起去红厦菜场排队赶早市。地瓜总算从家里悉悉嗦嗦出来,从他这里接过一张小板凳。太冷,两个人跑着跳着去。

还好,人还不多。可是每个摊头前都已经排好了篮子砖头,几个大人小孩在旁边冷得缩脖端腔直跺脚。想趁人不注意插挡,保证被人骂,把你板凳都摔出去。地瓜说早知道我们也隔夜摆一块砖头,睡到天亮再来。算了算了,他们在肉摊和菜摊的队伍后边各摆了一张小板凳,算是排上了队,数一数,前面大概有二十多个人吧。逢年过节有热气肉供应,要赶早,晚了只有冷气肉了。菜摊也是,排在前面可以选好看的,品种也多。鱼、蛋、豆制品都要凭票,晚点排队也没关系。不,买鱼不行,也要赶早,一大块冻在一起的带鱼,宽的厚的在外面,一条一条凿下来,里面的就越来越瘦小了。他们让地瓜的妹妹排在鱼摊这里,她跌跌冲冲也来了,赤脚趿拉着一双大人的棉鞋,时不时抽一下流到嘴唇上的鼻涕。

四点多吧,菜场开始氽肉皮。哗啦啦油锅炸响,像小日本半夜里没头没脑放了一阵机关枪,油烟弥漫开来,冷风中霎时充满了浓浓的油香肉香。人多起来了,借着氽肉皮摊头的灯光,他看见一些认识的邻居大人小孩,一张张忽明忽暗的脸兴冲冲地晃动,好像露天电影开场前一样。他有点着急,大姐二姐怎么还不出现,他又不知道该买哪块肉哪条鱼哪种蔬菜,也没钱,连篮子都没有。人越来越多,挤得他都看不见了。这时,听见二姐在叫,他大声答应着,让二姐挤进来。二姐问你怎么排在这么后面,他都快哭了,说本来没这么多人的,本来只有二十多个,现在看看多出一倍不止。二姐说这里有我,你找大姐排队买菜去。他挤了出去。菜场边上,大姐挎着篮子,双手交叉插在袖子里,笃悠悠地看热闹。他把大姐拉到菜摊队伍前边,找到地瓜。后面一阵叫骂,不让插挡,大姐理都不理,换下地瓜,说你要什么菜我来替你买,地瓜说要问妈妈,妈妈还没来。

五点钟开秤。每个摊头一只电灯泡,开秤前陆陆续续亮了。吵闹声顿时大了起来,人人都在叫喊似的说话,人人都想朝前拱

一点。地瓜妈妈才来,说没我怎么行,就扑了进去。他和地瓜没什么事了,在铁路公安处看守所门口张望整个菜场。乱七八糟的,像一锅面疙瘩,天还没亮呢,全城的人都挤在菜场。

他们把地瓜妹妹给忘了。等大姐和地瓜妈妈提着菜篮子出来,问起来才去找。挤到鱼摊前边,乱哄哄的队伍旁边,地瓜妹妹哭得声音都哑了,一只棉鞋挤丢了,赤脚站在地上,用袖子擦着眼泪鼻涕说没了没了,轮到我了,现在没了。她以为轮到不买就要重新排队。地瓜妈妈说放屁,敢不让,举着钱和鱼票冲了上去。

好大的两条带鱼啊,他以后再没见过那么宽那么厚的带鱼。

离开菜场,天才蒙蒙亮。他好像已经不冷了。

红厦菜场的年三十早市,缺了挑挑拣拣这一块。那是我怕说错的。比如买肉,好像分猪头、腿肉、肋条、里脊、大排骨、小排骨、猪尾,腿肉又分前后腿,价钱不一样,差别在几毛。一整条大排骨,当场开片,啪啪啪一刀刀斩下来,很均匀的十二块。我在旁边看来的,自己没买过。面前的肉师傅举着大刀,后面心急的大人又不断催促,如果让我买,我肯定没主意了。幸亏钱由两个姐姐掌管,她们的能耐就是不紧不慢,人家再吵也只当耳旁风。

红厦,还有大球场,还有家属浴室,还有红厦食堂。拍过电影《大李小李和老李》的大食堂,夏天所有门窗大开,几十个吊扇呼呼转动，冬天热气蒸腾，笼罩着饥寒交迫的大人小孩。苏联作家阿斯塔菲耶夫的《鱼王》里有一篇《鲍加尼达村的鱼汤》，那全村老少在河边的聚餐情境，令人难忘。我不会写大场面，试过，不好。还有文化宫。我们成天混在那里，混进去看电影。谁在票根箱里偷来一把票根，我能半张半张对粘起来，对付检票员足够了，谁去看上半张下半张座位不对？后来干脆用色纸裁开，一张张直接画电影票了。混进去看电影，毛主席接见红卫兵，从第一次到第八次。广场上千万人难以形容的神态和呼喊，以后直接和间接地经历过，每次喊的内容不一样，情形是一样的。我写不出来，看过法拉奇《男子汉》里的"章鱼"，更写不出来了。

驳壳枪

他钻进床底，找出那块藏好的木板。厚薄正合适，上面已经用铅笔画好了图样，一支驳壳枪的枪身。画的时候他就想到了，枪筒应该是根铁管，所以画好就把木板藏了起来，等有了枪筒再做。什么东西都是这样，你没有，你想要，你就得老想着，想到后来，哎它就出现了。这不就是，下午从红厦大球场回来，走在人行道上，头顶当啷掉下个东西，他一愣，这不是根枪筒嘛。抬头张望，有个工人叔叔骑在围墙上，腰里系着专用皮带，上面插满电工工具。他捡起铁管一看，长短粗细都好，简直就是为自己的驳壳枪准备的。他仰脸问叔叔，我可以拿走吗？叔叔低头看看，朝他一笑，不说话，挥挥手，意思是拿走吧。他觉得叔叔有点面熟，想想是《永不消逝的电波》里的李侠。

那一阵子院子里可奇怪了，总有谁忽然就不出来玩了，有可能一个下午，有可能好几天，等他再出来的时候，手上肯定会多了件什么东西。刀剑弹弓太一般了，做各种钥匙，甚至万能钥匙。做跑冰车，就是带方向把的滑板。做自己玩的蟋蟀丝网钓鱼竿金鱼缸。做爸爸用的凳子折扇啤酒瓶扳头。做妈妈要的衣架丫叉头拍打棉被的大拍子。哪个神经搭错的做副手铐都有可能。天晓得啊。

回到家里，烧红煤炉通条，把木板上扳机部分要镂空的地方烫穿，用钢片锯和钢丝锯沿着图样线条把外形锯下来，接着用刀削，用各种工具刻和锉，用粗细砂纸打磨。做一支像样的驳壳枪，哪里容易了，他至少用上了工具箱里的一半工具。他把铁管的一头烧红了，插进枪身前端，然后拔出来，在自来水龙头下浇凉，蘸上黄鱼胶，再用力插回去。他找到上次用一把旧刺刀换来的小罐黑漆，打开，用漆帚厚厚地刷上一色黝黑。现在，就等它自己在窗台上晾干啦。

少年时代，破坏的冲动过后，男孩大概都有一种制造的狂热。他有耐心，肯琢磨，做什么像什么，很多东西都是他做开头的。他不爱说，除了留着各种手枪卡宾枪三节棍和带鞘的匕首，自己不用的，不想再玩的，就送给朋友，或者交换，他要人家的工具。然后，看人家在玩在用他做的东西，看人家有样学样，他比吃肉还要开心。

他提着驳壳枪在黄昏中行走，假装自己是《平原游击队》的李向阳。1968年，哪怕你扛门炮在马路上晃也没什么稀奇。虹江路上赶着马车进城的老头举着长鞭，啪啪地抽打无辜的白马。他瞄了瞄，一枪把老头打趴下了，上去给马卸车解套，白马感激地舔舔他手，载着他飞奔，马蹄哒哒，穿过道口和铁桥，一千里绝尘而去。一辆卡车停在路口，车厢站满戴红袖章的工人，头上一顶柳条安全帽，手里一杆长矛或者一柄消防斧。他慢慢接近，突然跳上车去，一枪撂倒一个，然后逼着司机立刻开车，朝山里，朝海边，冲到哪里算哪里。

他被自己的想象吓醒过来，那个充满了白日梦的年代啊。

他从裤腰后边拔出枪来，拿给胖子看。胖子接过去，哇哇大叫，举着枪就冲出教室，在走廊上大喊不许动。都在动，都在打闹，谁都不理这死胖子。胖子平端驳壳枪瞄准，不料竟瞄到了巡逻过来的工宣队翟师傅头上，吓得翟师傅高举双手趴到墙上。

胖子立马就招供了。他被叫进工宣队队部，看见胖子眼泪鼻涕涂了满脸。他不明白自己当时怎么会这么蠢，领着红团干部回家，把床底下的军火统统交了出来。翟师傅马上召开全校大会，把他的那些宝贝家伙排列在前面的长桌上展览。翟师傅一件一件举起来展示，痛不欲生地说，日你妈我是被日本鬼子枪口对准过的，这是好玩的吗？这是要人命的的的的……麦克风有点问题。翟师傅叫同学们一个班级一个班级排队过去，仔细看看长桌上一件一件要人命的家伙。只听见长桌前一片啧啧赞叹，个别男同学还伸手摸摸，很不舍得的样子。

他就这么出了名。刚进中学，谁都不知道他，谁都从他头顶上看过去。他矮是矮了点，从人堆里挤过去都能撞上女同学的胸口，看见篮球场单双杠跳高架跳远沙坑更是逃得远远的。现在呢，从走廊这头到那头他脚不停步，大家都会让开，认识不认识的都叫他一声，小帮小派拜大王的都跟他约时间要登门求教。

死胖子，要让我干杯可以，先把事情给老同学们说清楚，你说你看见的，翟师傅把我做的那些军火都砸了，可是那枪后来怎么又到你手里去了？胖子端着酒杯，小眼睛眨巴眨巴，问，谁说的？谁把我卖了？老头子老太婆出什么洋相？实话告诉你，有一天翟师傅的小儿子举着枪从旱桥上冲下来，我一看，就是那支驳壳枪，上去抽了他一个嘴巴，把枪夺过来了。

一桌子哗哗乱笑。

四十多年过去。

要准备打仗

　　他们奉命挖战壕，跟全世界正规的业余的士兵一样，用铁锹，用十字镐。开始还行，因为是在学校的花园，有一层黑黑的烂泥，狠踩一脚，铁锹就插下去一半。挖深了，要跳下去掏，就比较吃力了，底下尽是石头煤渣铁丝破布条，一锹下去，掏不上来多少。女生那边尖叫起来，挖出了死人骨头。看是看不清楚，牛骨头猪骨头人骨头你能看出区别？不要咋咋呼呼的，工宣队翟师傅说，挖到齐腰深，你们就算完成任务，叫牛鬼蛇神再朝下挖。骨头越掏越多，糖包子说看看看，就捧着个骷髅头伸过来。奶奶个熊，拿开点，不晦气啊，呸。糖包子手指抠进骷髅头的眼窝，说基本上是清朝的，见过小刀会跟洋枪洋炮对打。

　　后来才晓得，学校地皮原来是乱坟岗，上海人叫中国坟山。

　　1969年，毛主席说，要准备打仗。

在学校里要挖战壕，回家还要做砖坯。街道革委会从哪里拉来几车黄烂泥，就倒在铁路宿舍院子里。挨家挨户按人头算，都要做出一定数量的砖坯去上交。于是，到楼下居民小组长陈大妈那里借出砖模子，一个可以脱卸的木头框子，他和糖包子挑了一块平整的水泥地，弄些黄烂泥过来，再加点煤渣，提一桶水慢慢倒上去，和面似的搅啊揉啊捶啊摔啊，然后填进模子，摁实，刮平，打开模子，成了。

做砖坯干什么用？废话，烧砖呗。要砖干什么用？废话，造防空洞呗。美帝亡我之心不死，蒋介石亡我之心不死，现在苏修又亡我之心不死，他们都有轰炸机，什么时候想起来就飞到上海咣咣咣丢一通炸弹。什么时候？不知道，你问我我问谁去？

他和糖包子真做了不少，把两家该做的数量都完成了。按每人30块算，他家7人，胖子家6人，13乘30，390块。当然不是一次做成的，花了好几个放学后和一整个礼拜天。也没觉得辛苦，离开儿童时代不久，就当玩泥巴了。近四百块砖坯排列在空地上，好大一片，感觉上秦始皇造万里长城也不过如此。

这天晚上，有支文艺小分队来大院搞宣传。跟真的一样，还在空地上搭台。下午就开始搭了，他没看见，等他和糖包子端着板凳去看演出，坏啦，怎么把他们做的砖坯当台脚垫在木板下？宣传演出已经开始，还说什么说？

小分队都知道吧，锣鼓一套，笛子、胡琴等乐器若干，冲上台来的清一色军装，有新有旧。不形容了，过来人都见过，反正革命是暴动是一个阶级推翻一个阶级的暴烈的行动。台上又蹦又跳又跺脚,分量都落在他们做的砖坯上。演出散场,他和糖包子过去清点,丢掉踩裂的蹭残的,再补做百来块吧,还说什么说?

就做了一大堆砖坯,算不上什么牛逼往事,怎么会耿耿于怀到现在?

因为丢了许多。空地上整整齐齐排列的一个砖坯方阵,一夜之间缺了一个角。他和糖包子一起数,数了三遍,还是330块。其实在缺了一角的地方数,丢了的那60块印迹留在原地,一清二楚。奇了怪了,谁偷这砖坯干什么,拿回家去盖房子?瞎扯。反革命破坏?不像。估计是又想完成备战任务又不愿耗时费力吧。可是,凭什么呀?去报告,找陈大妈。大妈去看了现场,说要向上边报告,带他们去了居委会。居委会阿姨又去看了现场,也说要向上边报告,带他们去了街道。街道革委会到底是上边的,管砖坯的叔叔问,被偷了多少?60块?好的,两个人的数量,这事简单,我看看今天都收了哪户人家的。叔叔抓过几个练习簿,哗啦哗啦翻了一通,然后很有内容地笑笑,说你们回去吧,会有结果的。

回到家里,爸说算了吧,可能是邻居。妈说这不行,又不是做好人好事,这是欺负小孩。哥哥认为是哪个同学干的,干坏事的常挑身边的下手。姐姐说这不跟没说一样,这院里谁不认识谁?弟弟说真想知道,半夜里躲在窗口盯着,抓个现行。

他去约了糖包子,半夜抓现行。

第一天晚上没什么动静，熬到半夜睡过去了。早晨上学前去看，没再丢。

第二天下午陈大妈来通知了，晚上开大会，就在院里，在现场。最后三个字是看着他说的，陈大妈也学会了很有内容地笑笑。

大会当场把偷砖的揪出来了，站在大家对面低头认罪。脏兮兮灰溜溜的，真像阶级敌人啊。是大院外边街面房子里的一对老头老太，大家都叫葱姜爹爹和葱姜奶奶，因为在菜场摆葱姜摊，一分钱一小把。街道管砖坯的叔叔说这是阶级斗争的反映，贼心不死的坏人就在我们身边，说老头老太从前是富农，阶级立场决定了他们会窥测时机冷不丁伸出黑手以求一逞。

糖包子说怪不得，明白了。奶奶个熊，明白什么了你？

第三天早晨上学，看见老头老太猴着背提着大扫帚进来打扫院子。

他说他们大概不会做砖坯，也做不动。糖包子说其实跟我们要也给他们了。他问，你会给吗？糖包子想了想，说给，你给吗？他说不知道，他们没要过。

给也来不及了，还说什么说。

那是进了中学的第二年。放完寒假没多久，珍宝岛远远的打了起来，接着就时不时地和苏联象征性开打，不是鸡头黑龙江那边就是鸡尾新疆那边。学校叫学生在教学楼前挖战壕，在教室的玻璃窗上贴纸条，横一条竖一条再交叉两条。放学的时候，回头看看教学楼，窗上都贴着白色米字，花园里挖出的土堆上一根一根死人骨头，黄昏的冷风吹了过来，一片世界大战来临前的肃杀。

战壕挖累了，坐在连根拔起的冬青和黄杨上，他们想象世界大战。达瓦里希打不过我们，解放军里有的是黄继光邱少云。可是，达瓦里希有坦克。怕什么，我们有火箭筒，一打一个，轰。苏联红军有空降兵。解放军也有，他见过，电影里，端着冲锋枪从飞机里往外跳。我们还有林彪，是他想办法守住了莫斯科，他在苏联疗养的时候，德国鬼子包围了莫斯科，林彪不林副主席去告诉斯大林和朱可夫，应该怎么样怎么样。

他张望天空，在风和云的空隙中填满一个个飘飘忽忽的苏联空降兵。不能让他们落地，他们人高马大，留着大胡子，红红的鸡巴毛一直长到胸口。最好趁他们在空中飘荡的时候，神枪手一枪一个，摔下来都是死的。

天上飞过一群鸽子，糖包子拉开弹弓胡乱打出一颗石子，居然打中了。糖包子激动得快疯了，哈哈，枪打飞鸟，然后，猎犬一样叫着跳着跑向鸽子掉下来的地方。

写这篇有些心不在焉。其实，耿耿于怀的原因是对那两位摆葱姜摊的老人有些歉疚。其实，人生的耿耿于怀多数都是对自己的厌恶和无可奈何。报什么告啊，脑子进水了，不就60块半成品的破砖头嘛。同事鹭鹭在砖瓦厂做过，听师傅说的，当时街道送来的砖坯根本没用，都拿去填水塘了。

难怪，我想来想去没想起大院里造过什么防空洞。

那畜生是个鬼

他们让他去下手,说是加入路北帮的考验。不是考验过了嘛,还考验,他不太高兴,可又不好意思回绝。

路北,是指北火车站过来一直到大洋桥的铁路北面。这范围太大,出来混的家伙不知道有多少,一帮一帮的数都数不过来。路北帮其实是个领导核心,登锁点过头的人才算进了核心。核心人物个个屁股后面有一小帮人,他没有。他和登锁一起习武练拳,登锁是师兄,他是师弟。登锁喜欢刀枪棍棒,他老老实实地练那几路谭腿和螳螂。起先登锁叫他去玩,他从来不去,不想认识其他人。直到有一次,登锁发现他被人打过了,拍拍他肩膀,什么也没说,第二天就领着一帮弟兄把学校红团纠察队给砸了,他这才开始跟着路北帮瞎混,也就是没事锻炼身体,有事出去打一架。

登锁的想法,叫路北帮,起码在铁路以北说一不二。可是大洋桥那一带的湖北帮不买账,还扬言说屌毛登锁,屌毛路北帮,踏进大洋桥，统统叫他们漏着风回去。漏着风懂吧，像交通公园的太湖石，浑身上下是洞眼。湖北帮玩三角铁和刮刀，他在学校里见过，有几个拿出来炫耀，倒是真的。湖北帮都留长头发，在走道和操场上飘来飘去。工宣队师傅叫住一个小的，说去把头发剪了，那小的竟嬉皮笑脸，说我想梳大辫子，我要做大姑娘。

湖北帮不买账，除了他们心狠手辣，打架往死里打，还因为他们有一条狗。他没见过，听说的，说那狗立起来一人高，说那狗嘴张开像河马一样，说那狗每天不咬一个人不算，说那狗窜出去五个人拉不住。奶奶个熊，这哪是狗啊，是个鬼嘛。

摆平湖北帮，先要灭了那狗。他们让他下手，理由是他也养过狗，而且是狼狗，通狗性。他不能告诉他们以前的那条狼狗叫乖乖。他不想让他们看自己是怂货一个。

乖乖是自小养大的。人家送给他的时候出生才十天，可以捧在手掌上。后来就不对了，见风就长，十斤，二十斤，三十斤……到一岁时就七八十斤了。从不挑食，家里人吃什么它吃什么。不过他会给它吃零食，什么好吃的都你一半我一半，肉包子，芝麻饼，花生米，水果糖。有次带它走过一个果品商店，它动作快得他都没看见，脚步都不带停的，走过去才发现它嘴里叼着一个大苹果。以后只能绕着走，被营业员看见要挨骂。当时自己也没多大，就敢牵着乖乖上街，它力气大，万一犟起来窜出去肯定拽不住，奇怪，从来没有过，它很清楚小主人牵它的力量。乖乖在家最听他的，还帮他跟父母吵架，跟哥哥姐姐吵架，不信骂他试试。外人更不行，谁跟他说话嗓门大点它就在一边咆哮，谁不当心拍他一下，它牙都龇出来了，危险，赶快牵走。狗也会有心情，一般随主人，他高兴，它就蹦蹦跳跳，他不开心，它就趴着一声不吭很忧伤。晚上睡觉也在一起，冬天靠着人睡，替他压被子，夏天它怕热，但也不离小床四周。早晨醒来，第一眼看到的永远是它的眼睛和大嘴巴，它非要用大舌头把他的脸舔一遍……爸爸把它带走送人，是因为什么事情误会了，它咬了爸爸手臂一口，其实也不重，但是咬破了。爸爸警告在先，狗不能咬自家人，咬了就要送走。趁他上学不在，爸带走了乖乖，等他放学回家，地上只剩几件咬破的狗玩具。他没话好说，闷闷不乐了很长时间。

他点点头，答应下来，问，就我一个人去？登锁说，还有老把子。老把子，就是家里兄妹几个最小的一个，父母当小名叫，叫到外头来了。老把子知道那狗在哪里，下半夜来找他，塞给他一个肉包子和一包老鼠药，把他带到苏州河边大洋桥下的一条弄堂口，说就在里头，弄堂到底。老把子年龄跟他差不多，每天练两次杠铃的家伙，早一次晚一次。他问，老把子你什么意思啊？老把子说，我在河边望风。

他只好一个人往里走，心想老把子你奶奶个熊，胸肌那么大，胆子那么小。脚高脚低探到弄堂深处，就听见哗啦一声铁链子响。他站住了。黑影一动他还是能看见的，渐渐地，看清了，就是他的乖乖，他养过的狼狗，让爸爸牵走送人了，没想到在这里。他一点点张开两手，一步步走过去。乖乖的四条腿各自动了动，站稳了等在那里。他离它就差一大步，站定下来，两个面对面。他盯着它，它却好像没在看他，狗眼空空洞洞，不见绿光闪耀。怎么搞的，瞎了。他右手伸过去，狗头昂了上来。再伸一次，狗毛纷纷耸立。又伸一次，狗牙全看见了。他转身就走。已经六亲不认了。已经不是他的乖乖了。

他向登锁解释，一般人家的狗，他手伸一次，狗头放低，再伸一次，尾巴摇摆，伸第三次，就会来闻他的裤脚，可是这畜生，全反着来，放他走路，已经很给面子了。可能是自己身上的气味让乖乖觉得有点熟悉吧，他想，可还是不愿意说出那就是他家以前的狼狗。登锁半信半疑，说好吧，你怎么说就是怎么样，不过，路北帮不见得让条瞎狗给唬住吧？他不想玩了，起身回家，把话留在那里，说那畜生是弄不死的，那是个鬼。

后来路北帮和湖北帮也没能打起来。一卡车文攻武卫冲进学校，长矛逼着，把那几个湖北帮拖上车带走了。第二天，他听说登锁也被半夜里抓去了。

再看见乖乖的时候，它在垃圾码头屙屎。几个小把戏凑过来，用竹竿戳，用石头砸。它又咆哮又龇牙，没头没脑地乱扑，竟一头撞上了电线木杆。

倒立行走的狗蛋

狗蛋从身后变出一张小板凳,说有本事在这上头拿顶。那板凳是老太婆坐的,比一本书大一点。一次里弄开会,一个老太婆让坐长凳的阿姨挤挤,她要坐边上,长凳上已经三个屁股了,怎么挤啊?她说我屁股是尖的,不占多少地方。

他们练拿顶已经练了一个春天加一个夏天了。开始是倒立靠墙或靠树,能倒立五分钟以上,就能练倒立撑了。倒立撑有要求,头皮碰到地皮才算,撑一下相当于俯卧撑五下的力气,把自己的体重撑起来,没那么容易。眼看着胳膊练粗了,就有把握练凭空倒立了。不是膝盖弯曲小腿晃荡找平衡的那种,那是乡下小孩打谷场上玩的,他们要的是两腿并拢脚背绷平笔直地伸向天空,用头、用肩、用臂力控制平衡。暑假快结束时,他已经从平地练到方凳或长凳上,起来时两腿并拢或分叉在身体两侧,不带蹬腿借力,完全靠腰腹力量慢慢倒吸上去,漂亮吧?

狗蛋是他弟弟的同学，小他七八岁吧，喜欢站在边上看。看就看吧，还多嘴，说这个姿势不对，那个腔调难看。这小子平时就一脸深仇大恨，好像全世界都跟他过不去，万一被谁惹着了，他会直直地向上瞪着你，眼神奇毒，什么狗蛋啊，根本是狼崽。说就说吧，不搭理就是了，他们练他们的，像没看见那张有备而来的小板凳。大欺小，现世报，不能打不能骂，能怎么样？他只是在狗蛋脖颈后边亲热无比地捏了一把，手贱啊。

弟弟放学回家，躲躲闪闪像做了什么坏事。他看都不看，知道弟弟憋不住会说。果然，说了，今天跟人打架。跟谁？跟狗蛋。你打不过他？没，刚想踢他裤裆就被老师拉开了。狗蛋打着你没有？就推了一下。那就算了……为什么打？狗蛋说你们小看人，说你们练的拿顶有个屁用，说要让你们瞧瞧大爷他的功夫。大爷？操他大爷，你告诉他，哥哥我等着他的功夫。

转眼就冬天了，他们照常在练拿顶。有人已经可以单手倒立了，慢慢地把身体倾向右边，左手离地，平平抬起，虽然时间不长，才几秒钟，那就很了不起了。他刚想叫好，发现有点不对，平时爱看热闹抢先叫好的人哪去了？咂，都远远的在院子那头围观。走过去张望，是狗蛋在倒立行走，就那种膝盖弯曲小腿晃荡的玩意。问题是看热闹的狗卵不懂一只，还拍拍他，说看人家狗蛋，已经走了五分钟了，你们行吗？

真正的问题是这狼崽确实出息得可以，不是说倒立行走，而是寒冬腊月敢光着膀子玩，身上栗子肌肉一串一串的，敢情是躲在家

倒立行走的狗蛋　　057

里死练完了出来显摆啊？狗蛋一个后手翻站起来，照样深仇大恨目中无人地走出人群。擦过他身边，还真不敢碰，这么一个短胳膊短腿的身材，光着膀子鼓起一串一串栗子肌肉的，你碰碰看？

以后，大院里就经常可以看见狗蛋倒立行走了。

白天黑夜，随时随地，狗蛋都有可能倒翻上去头冲地脚朝天地行走。

弟弟说狗蛋在学校走廊上也这么行走。

说狗蛋不倒立脑子会贫血缺氧，昏厥过去把老师吓一大跳。

见多了，大人小孩也习惯了隔着他的裤裆对话。那谁，吃了吗？早吃了。手里拿啥好东西，往上提提我看看。哟，看酸水洒了谁上衣，啊不，裤衩。

酸水，醋，大人自嘲：山东银（人）进上海，说不来去（醋）说酸肥（水）。

说真的，我现在使劲回想，已经想不起狗蛋正常站立是什么样的了，就是捏过狗蛋后颈肉的拇指和食指，有点滑溜溜油腻腻的感觉。

去年冬天，有天晚上经过老房子，就那虬江路上的铁路宿舍，神差鬼使地进去转了转。很大的院子怎么变小了，一片空地而已。月光下，有个影子在向我靠近，人不人鬼不鬼的，形状可怖。

不用说了，是倒立行走的狗蛋。

跟屁虫

他被一头小跟屁虫缠上了。

其实就小他两三岁，个头矮了点，看见他们凑在一起就非要挤进来。光听不说也就算了，她还老爱插嘴，他们你一段我一段地讲故事，她也要来一段。她的故事通常这样开头，杨门女将孙二娘拔出双枪老太婆。能把毫不相干的人和事不打格愣地一口气说下来，也是本事，不信你试试。这天，他们说到《烈火金刚》里的丁尚武，她插进来说刘胡兰，日本鬼子抓住了刘胡兰。他好心，说是阎锡山，谁知道她竟顺了下去，说日本鬼子在阎锡山上抓住了刘胡兰。

他只好说操。肯定得罪她了。

铁路宿舍那院子里的雌老虎不分老少，不讲道理，滔滔不绝，不舍昼夜。谁家晾的被单被风吹下楼来，正好罩在新娘子头上。新娘子拽下被单，仰脖子扯嗓子地骂，手里还提着菜篮子，从上午八点一直骂到中午十二点，四类分子反革命，叛徒特务走资派。谁也不敢去劝，劝了连你一起骂进去。新娘子，老居民，当时已经四十几了，还雌成这样。

他有个同学的姐姐，那段时间狂热地爱好辩论，有事没事戴上袖标去外滩去广场去康平路投身大辩论。他和同学跟着去过，那个狠啊，狠得鼻涕都狠了出来。辩论多了，老要占上风，难免结仇。有一天，她正挥舞最新指示，突然被人家逼问出身，结结巴巴就说出了国民党留用人员的家庭背景，当场被踢出辩论圈子。对了，想起来了，后来院子里揪斗国民党留用人员，她上去就抽了父亲一个耳光，这怨恨。不久前，他在育婴堂路路口撞见一幕，雌老虎已经是老太太了，威风犹在，居然一巴掌把城管的大盖帽打飞了。没了最新指示，倒也能与时俱进，说人家是恐怖分子。

他得罪的是小雌老虎跟屁虫。

一天晚上，他和大龙去老北站换毛主席像章，就是拿自己多余的跟人家换，换自己没有的想要的。老北站附近，宝山路天目路口，每天晚上都有人三五成群聚在路灯下搞交换，少的就托在手里，多的把像章一排排别在一块红袖标上，或者别在衣襟里面掀开给人家看。像章的材料各种各样，铜的，铁的，铝的，合金的，磁的，都有。小方块最多，老人头加为人民服务，因为周总理戴着，所以全国人民都戴，做也做得比较精致，正宗上海徽章厂。当时像章越做越大，像飞机制造厂做的，有饭碗那么大，也会有人别在胸口正中显摆。不要说你见过更大的，都见过，锅盖那么大，阳伞撑开伞面那么大，那是供起来摆样子，没法别在身上，没法交换。

他和大龙东张西望，一圈下来没看到自己特别喜欢的，正要走还没走的时候，文攻武卫戴着藤帽举着长矛冲过来了。文攻武卫，群众武装，后来改叫上海民兵，管社会治安，管投机倒把，管一切不符合毛泽东思想的言行。老要解释，累不累。文攻武卫冲过来就要抓人打人，革命不是请客吃饭不是做文章不是绘画绣花不能那样雅致那样从容不迫文质彬彬。小孩倒是不抓不打，抢走像章，照屁股上狠踢一脚。他被踢得转了一圈，有点晕头转向，立定下来，小跟屁虫站在面前。她一脸开心的样子，说要不要我告诉他们你家里还有？

再不敢得罪她了。

她就在楼下等着，看他下来倒垃圾，拽着他说邻居家里大人吵架的事情。他大概想讨好她，就说看见了，当时他就在邻居家里。人家爸爸是公安处长，家里有办公桌，那桌子斜放，背靠墙角斜对门口，派头十足。人家爸爸坐在桌后喝酒，妈妈站在桌前又哭又闹，爸爸火了，把手枪掏出来往桌上重重一放，说看，地主的女儿就这德行！妈妈扑通就坐地上了。

他说完去倒垃圾，倒完垃圾回家睡觉。

第二天，院子里差不多所有大人小孩都知道了，还添油加醋，说枪差点走火，说人家妈妈尿一裤子，最后，还都没忘记交代出处，说是王家老四亲眼看见的。

人家爸爸一上班枪就被下了，让写检查，然后灰溜溜地回家，院子里碰到他爸爸，说老王，我看你老前辈了，从来客客气气，可你对我有意见，也不能让孩子胡说八道吧？

他受到的惩罚你去想象好了。

操，害他半辈子做恶梦啊，那小跟屁虫紧追不舍，后来面孔开始变幻，就那几个一路走来碰到过的半边天雌老虎，一律喷着唾沫龇着牙地追着咬。

现在明白了，为什么铁路宿舍那院子里的男人都老和尚似的，习惯性低着头心事重重地走进走出，为什么直到今天只要看到谁半边天架势一摆，他立刻心惊肉跳，立刻服服帖帖，立刻觉得那年代又要来了。

说起来再骂小跟屁虫不太合适，她后来嫁给我一个要好同学了，每天恶狠狠地喂家里人，把我同学喂得浑身上下能耷拉的都耷拉下来。同学生病住院，我去看他，小跟屁虫端着锅子进来，说补补身体，统统吃光。那么大一锅鸡汤啊！同学皱着眉头喝了一口，哇地又吐回锅里去了。我看了看，是乌骨鸡，两只脚乌黑发亮地在汤里举着。不，我这辈子绝不会去喝什么乌骨鸡汤，啊呸。

一分为二的朝天龙

有关力学，我们又能知道什么？他又能知道什么？他记得最清楚的是这么个比方，一只黄金瓜从国际饭店二十四层楼掉下来，砸到谁脑袋上，脑袋和黄金瓜一起粉碎。

这比方是曾老师说的。曾老师什么都教，语文，数学，工基，农基，音乐，外语。大概老师不够用，一半关在牛棚里。课间，他们同学几个瞎扯，说曾老师跟镇压太平天国的那个曾国藩是一个家族的，说曾老师父亲是什么商会的资本家。那曾老师是孝子贤孙啦？不，曾老师是革命的。不过曾老师笑起来像猫哭老鼠。曾老师还是有学问的，字也写得好，在黑板上慢吞吞地写行书。嗯，曾老师眼睛弹出来有这么大。其实，他们背地里都把曾老师叫做朝天龙，把这段话里的曾老师全改成朝天龙就对了。他那时迷上了养金鱼，有一对朝天龙，是水泡眼的一种。水泡眼有水泡鼓在两边的，有坠下来像奶头的，他的那对把水泡顶在头上摇摇晃晃，就叫朝天龙。贵得要死，八分一条，两条一毛五。他回家凑到鱼缸前，忍不住就想起了曾老师，学校看见，家里又看见，太好玩了。

朝天龙瞪大眼珠看着大家，强调着那只黄金瓜的效果，然后继续讲力的三要素，讲力的方向。朝天龙把教室门关上，然后用手往外推，用肩膀往外撞，为什么门打不开呢？对啦，方向反了。就借这门，再讲力的大小。朝天龙把班上个子最高力气最大的阿全叫到前面，叫他在里面顶着，自己跑到外面，一二三，用力往里面推。阿全用力顶着，说我就不让他进来。朝天龙大概急了，用肩膀撞，阿全顶着顶着没意思了，往旁边一闪，朝天龙冲进门来刹不住脚，嗵嗵直扑，一把抱住了讲台。

窗外麻雀在叫，他坐在教室后排也学着叫。朝天龙一边在黑板上慢吞吞地写行书，一边慢吞吞地说，好好的人不要做，要做只可怜的小麻雀。朝天龙上课总是前后左右来回走动，害得大家身体跟着转，有次突然停下来，抓起皮皮的课本，大喝一声，你以为你是毛泽东同志吗？皮皮懵了，大家都吓了一跳，不料朝天龙接下来说，不要在书上乱写乱画，记得住就记，记不住的肯定没什么用。还有次填什么表，有同学问政治面目是什么啊，朝天龙说你就填滑稽，面目滑稽。又有次朝天龙自己面目滑稽地踏进教室，把课本练习簿往讲台上一摔，说知道不知道，什么叫有成分论，不唯成分论？

这句话他们学得最快，模仿得最多，有成分论，不唯成分论。

他们不知道这是一种哲学，一种工具，一块可以左抵右挡的盾牌，一面两边看上去图形一样的旗帜。不知道，就知道瞎学瞎玩。

有胸肌论，不唯胸肌论。

有驳壳枪论，不唯驳壳枪论。

有大怪小怪论，不唯大怪小怪论。

炒咸菜有肉丝论，不唯肉丝论。

……

上帝啊，原谅他们吧，他们很晚才知道辩证法和方法论，怎么能要求他们知道自己在做什么呢？什么事情一分为二，没有解释不通的，多简单，多了不起。不过，既然可以一分为二，为什么不可以合而为一呢？又是个问题。他开导皮皮，就像你这糖糕，一掰两半，你一半我一半，行了吧，你还想让它们合到一起长回去呀？皮皮抢了回去，说我吃下去不就合而为一了。这猪。

他们进了校门，看见大楼底层年级组的办公室窗口围着好些人。他挤进去看，窗子开着，朝天龙在里面手舞足蹈，好像在说速度方向力的大小。里外围观的老师学生都默不作声，只有工宣队员和红团干部走进走出，情况很重大的样子。他不懂，力的三要素怎么啦？皮皮说什么三要素，是现行反革命！皮皮打听来了，朝天龙早晨没带钥匙，扒开窗子爬进去，一脚踩在桌子上，把玻璃板踩碎了，玻璃板下面有毛主席像。

换了老师上课。有朝天龙论，不唯朝天龙论。代课的女老师不可能像朝天龙那么好玩。再说他那一对朝天龙死了一条，剩下的一条躲在金鱼缸角落里索索发抖，一点没有化悲痛为力量的意思。他上课也就去学学鸟叫睡睡觉算了。

上课上到一半，他从窗口看见有人朝大楼背后狂奔，接着，楼梯上也响起心急慌忙的脚步声。阿全喊了声去看啊，几个男同学跳起来带头冲了出去。他们跑到大楼背后，牛棚门口围着一堆人，挤进去看，朝天龙吊在屋梁上。工宣队小陈师傅走出来，人们赶快躲开，小陈师傅只好让他和皮皮进去帮忙。他扶起倒了的椅子，想垫回朝天龙脚底下去，抱着两条腿往上抬，抬不动，叫皮皮一起来，皮皮刚碰了碰朝天龙的腿，哇地转身窜了出去，豆浆和糖糕吐了一地。

小陈师傅上去解绳扣时，他朝上看了一看，那眼睛，和翻白肚皮的金鱼朝天龙一模一样啊。

时间太久了，他使劲回忆才记起朝天龙吊在屋梁上面目滑稽的样子。他记得最牢的就是力的三要素，脑袋和黄金瓜一起一次又一次地粉碎。他使劲回忆才发现了差错，曾老师是不是朝天龙？不是，那又是哪个老师？上吊的究竟是不是他？是，那后来在校门口打铃的又是谁呢？

礼拜天他叫上皮皮和阿全去学校踢球。上午9点钟，校门还关得死死的。他去拍大门边的小门。没人答应。他用拳头敲，还是没动静。他只好喊起来，朝天龙开门！他背后两个也喊，朝天龙开门！

门忽地打开了，朝天龙穿着背心短裤，瞪大一对水泡眼，头探出来说，你叫你父亲也是这样的吗？

丁字路口的上面一横

他和几个同学忙上忙下,把泡开了搅匀了的化学糨糊往墙上刷。准备了两大桶,应该够了。冬天,学校里弄好的糨糊老远拖过来,仍然热气腾腾,让人觉得不那么冷了。他们借着路灯,用棕毛扫帚蘸着糨糊往墙上刷。只能用棕毛的,芦花的、高粱花的都不行,花啊籽啊会跟着糨糊附在墙上,纸就贴不平了。

墙里是铁路,能听见火车头呼哧呼哧马一样打着响鼻,冷不丁就会叫唤几声,呜呜。这墙在天目东路西藏路口,是市区最长最显眼的一段铁路围墙。从老北站朝西过来没多远,过行李提领处,过邮件转运处,接着就是长长的围墙。走过去每隔三米左右,凸出一条围墙的立柱,把墙分成一格一格,一共八十多格吧,就是说可以写八十多个字。

暂时还不知道要写什么写多少个字,先把纸贴起来再说。他指挥几个同学把一张张红纸粘贴上去。这事没那么容易,要看好位置，先把纸提端正了，轻轻覆上去，然后接过一把干净的柔软的芦花扫帚，从纸中间开始，竖着扫下来，位置固定了，再由中间向四边扫过去，完全扫平，不能有皱褶，不能有气泡。很多年后他才知道这是手艺活，苦练精进，是可以进入一个叫做拓裱装帧的中国书画艺术领域的，当时他不清楚，他以为全国人民谁都会。

这段围墙用来写大字标语最合适了，它长，它高大，而且一格一格替你分隔好了，让你一个字一个字地写过去。它坐北朝南，是丁字路口的上面一横，面向宽广的西藏路，如果从市中心过来，越过西藏路桥，老远就能一览无余，桥又陡，直冲下来，简直可以用一头扑进什么怀抱来形容。

墙高约三米，每格宽也三米，贴满一格要横四竖三用去十二张原开大纸。贴了十几格，他们就张大嘴巴直喷热气差不多像几条跑累了的狗。他说还来得及，原地休息吧，反正我们已经占领阵地了。坐在上街沿，他们屁股冰凉地看着丁字路口。晚上七点半，车不多，行人也不多，过来过去慌慌张张的样子。

他老早就看好这段围墙了。这里从来不空，一般都是工人的司令部在"宣"，偶尔会有大专院校的红卫兵来"宣"上一"宣"。平常都是白纸黑字，"炮打"和"砸烂"，时不时会红纸黑字，"庆祝"和"欢呼"。有一天走过，他看见市北中学在围墙上"宣"了一条，心里有点不平衡了，开始留心机会。这天下午，通知晚上集体收听北京的拉线广播，他马上叫来红团政宣组的同学，领红纸，泡糨糊，借扫帚，去买几把刷墙的排笔，再把黄鱼车拖过来锁上专用。他要抢在工人和大学生前头，先把地盘占了。黄鱼车骑出校门，桃子说广播什么都不晓得，万一不是贴红纸呢？真笨啊，什么时候北京的拉线广播内容用过白纸？到明天早上，肯定又是"全国山河一片红"。

贴到三四十格的时候，八点了，拉线广播开始。没过多久，远远近近，锣鼓和口号声响了起来。他们没带半导体，不知道什么内容，只好等着，等同学骑车从学校送"号外"过来。已经有好几辆宣传车来过了，都是工人的，一看已经有人占领，只好开走，另找地方去激扬文字。有一辆是东边铁路局开出来的，一个叔叔下车走过来，说好，就让给你们小鬼吧，好好写，写不好我撕了重写，知道写什么？他说还不知道。叔叔有几张油印的传单，分一张给他，又问，写过大字吗？写过，不过没这么大。再问，写什么体？新魏体。叔叔一愣，说册那。不过，骂过以后还是以鼓励为主，不要怕，慢慢写，笔画位置顶重要，局部细节不重要，眼睛鼻头嘴巴生得好看，长得不是地方有屁用。

他把人字梯支好，爬上去开始写。墨汁倒几瓶在脸盆里，用排笔蘸着往红纸上刷。蘸得不能太饱满，淌下来就尴尬了，少一点不要紧，多了不好看，又不是画遥看瀑布挂前川。也不能太薄弱，到处枯笔像啥样子。还有，梯子上下要主动，要提前，够不着再动就晚了，招式就老了。注意，手臂尽量伸长，眼睛离字尽量远点，看好大小、粗细、起止和转折。说是会说，十二张纸写一个字，一点下去有他两个头大，写的时候根本没把握对还是不对。好在事先他退到马路对面一格格瞄过，笔画位置有点印象，毛估估在墙上画字吧。

围墙里边列车进站出站，咣当咣当的轮轨撞击震得地面直颤，梯子乱抖，人也跟着晃悠。背后围观的人渐渐多了起来。人多主意多，卵子敲镗锣。长点好，短点也好，粗点好，细点也好，当心滴下来，当心人立牢。他要听背后的闲话就写不下去了，烦起来恨不得把排笔和一脸盆墨汁塞过去，妈了个巴子要么你来写。写了前几个字，背后有人开始叫好。他透了口气，咘，好像也不慌了嘛。接下来，就是夜晚街头的一场书法表演了，他一手排笔一手脸盆在人字梯上挪动，活像西郊公园秋千架上的大猩猩，总有上百人看吧，沿着围墙移动过去议论过去喝彩过去。直到深夜，直到落款，他换了把漆刷帚，行书"某某中学红团宣"。还好没写大猩猩木木"宣"。"宣"完，围观的广大革命群众居然哗啦啦地拍起手来。

铁路局的那个叔叔也在，说小鬼太慢了，我老早写好回来看你，呃，位置感觉蛮好，笔画变化不多，有空到路局大楼来，我写给你看。后来他才知道，叔叔就是写新魏体字帖的，在铁路局政宣组，姓周。后来他知道了，老师都这样，这次讲的和上次讲的总归有点不一样。当时他什么念头都没有，脑子像用空了的糨糊桶，身体累得要瘫了下来。

他和同学把七七八八的东西搬到黄鱼车上，人也前后左右地爬上去，沙家浜十八条好汉一样披星戴月回学校。黄鱼车从共和新路旱桥冲下去，冷风嗖嗖，速度太快，刚冲到桥脚，永兴路出来一帮拖着彩旗和锣鼓家什游行回来的大人，骑车的皮皮又急叫又刹车又扳龙头，黄鱼车翻了个跟斗，车上五六个人都飞了出去，和扫帚、面盆、糨糊桶、人字梯一起，噼里啪啦散落在桥下的弹硌路面上。

过了几天，他和同学约好去看那晚写的大字。学校里轰动了，居然有人专门跑到那个丁字路口去看。老师学生都起劲得很，赛过很多年后复旦大学做的招生广告，名气也叫品牌效应好得热昏。人家说他写得不错，他木知木觉，因为当时写得昏头昏脑，忘记写了什么、怎么写的了。

他们站在马路对面，天目东路西藏路口，桃子小腿骨折，挂着拐杖，皮皮手臂摔断，用围巾吊在胸口。他们远远地看过去，丁字路口的上面一横，市区最显眼最适合写大字标语的围墙上，红纸黑字长长的——全面贯彻落实毛主席最新指示：一个人有动脉、静脉，通过心脏进行血液循环，还要通过肺部进行呼吸，呼出二氧化碳，吸进新鲜氧气，这就是吐故纳新——懂是懂，就是不知道什么意思。

一团蒸汽喷吐着从围墙上头移动过去，一列火车进站了。

鲸鱼眼睛一样的蔚蓝

战壕绕着教学楼转了一圈,挖得差不多了,不知道哪个想了起来,说为什么不挖个游泳池呢?发展体育运动,增强人民体质,这和要准备打仗完全一致,甚至是后者的先决条件。这理由,站得比电线杆还直。于是,他们就在校门边的空地上挖了起来。铁锹镐头虽然原始,可人多力量大,这才几天,就挖出个比篮球场稍大一点的坑来。

同学大头一边刨土一边哼哼,游泳池,万人坑,杀千刀的,枪毙鬼……呸呸呸,触霉头啊。这时,已经挖得有齐腰深了。翟师傅从工厂叫来挖掘机推土机铲车卡车,再朝下挖出深水区就不是他们的事情了。天天去学校复课闹革命,眼看着游泳池一点点砌了起来,比50米乘20米的正规游泳池小一半,25米乘14米,好坏比浴室的池子要大一点。更衣室也盖起来了,还有水泵房、救生台、救生员宿舍。稀奇的是更衣室的半圆拱顶,不用钢筋,用柳条编成骨子，说是一种新发明，好像还上过报纸，柳条代钢筋，节约闹革命。

他那时已经被选拔进了市青少年游泳集训队，当然是救生员的第一人选。负责筹备的顾老师找他商量，怎么挑选救生员和其他工作人员。顾老师本来是体操运动员，后来癫痫了，就是羊癫风，发作起来口吐白沫满地打滚的那种，只好退役下来到中学里做体育老师。顾老师不会游泳，也不能下水，只好来问他。他说这还不容易，随便报名，统一测验，游给我看看就行。测验的时候，竟有一百多个男女同学排队。他那天比较扬眉吐气，有翟师傅和顾老师站在身后，他拿着名单让他们十个一组跳下去游五分钟，看能游几个来回。什么人都有啊，一个大饼拍下去的，不会跳水插蜡烛的，狗刨的，撅屁股的，在水面上张着大嘴上气不接下气的，还有个小子一跳下去就抽筋，他用救生杆套住他拽上来的。就这副死相，居然报名当救生员，以为淹不死就能救生，谁救你啊？

顾老师挑了八个工作人员，检票，点眼药水，分别管理男女更衣室。他挑了6个救生员，安排三人一班，两班倒，自己机动。六个人是奶糕，桃子，辣油，大头，特务，老把子。从今天开始集训，要求每天六小时在水里，上午两小时、下午四小时，他兼教练，顾老师指导，翟师傅领队，救生组就是学校的游泳队了。

看上去救生员坐在高台上，戴着墨镜，吹着哨子，很神气的样子，其实被太阳活活暴晒，很辛苦的。一开始蜕皮，背上肩上腿上火辣辣的，晚上痛得觉都睡不着。大约十天后，皮长老了，才好一点。毕竟是在太阳下工作，游泳池又吵得很，整天昏头涨脑，下来都不想说话。

要打起精神对付一池子玩水兼洗澡的家伙，因为你不知道危险什么时候会发生。有在浅水区走着走着滑进深水区的，有在深水区抽筋的，有头对头被人家撞晕的，有呛了一口就以为遭遇灭顶之灾的……什么事都有，每天都有。

他们自己才十五六岁。

救生组还是治安组，要打击游泳池里发生的流氓阿飞行为。女的穿游泳衣露得多嘛，难免有人想入非非要占点便宜揩点油。这种下流胚都比他们大，高一两届或者社会上的混混。都爱好潜泳，在浅水区潜泳，朝女生聚集的那半边潜过去，在腿和腿之间泥鳅一样绕来绕去。你要假装没注意，因为这老兄也在观察你，看是否被你盯上了。下流胚总会按捺不住的，会一头扎下去，在水下不老实起来。你看到女生堆里有些小骚动，有人在骂，有人逃上岸来。没关系，继续不动声色，看这老兄还能玩出什么花样来。等时间到了，打铃清场，你关照女更衣室的同学找那几个被欺负的求证，然后过去很亲热地搂住那老兄的肩膀，请他跟你走，去救生员宿舍，或者干脆带去校园，暑假，球场空无一人。开始老兄很冤枉，接着很害怕，然后就很服帖了。等老兄鼻青眼肿回过神来,你已经把笔墨纸张预备好了。下流胚要写一张保证书,大字报样式,内容大致如下——

我叫张三,1969年某月某日,我在游泳池里进行了流氓阿飞活动,对正在游泳锻炼的女青年不三不四动手动脚。经过治安组的帮助教育,我认识到自己深受资产阶级腐朽思想毒害,行为卑鄙下流。现作出深刻检讨,并保证以后不再犯同样错误。张三 1969年某月某日

狗爬一样的毛笔字,就贴在游泳池大门口。有时候那里会并排贴着好几张。

不写是不可能的。不把他屎打出来?

顾老师说不要打头打脸,难看,你把他卵蛋踢肿起来谁也看不见。

顾老师让我们回家不要一个人走,记住,你们在外面都有仇人。

他有一次回家晚了,一个人走过中兴路,在邮局旁边的弄堂口,四个家伙扔了烟头围上来,他还没反应过来,脸上就挨了一拳,寡不敌众逃得要快,背后一把炉钩子砸下来,裤子撕开了,屁股上划了很长一道。

他们在中兴路邮局附近连续扫荡了三个晚上,不管是不是,见不顺眼的就打,直到这年龄上下的没人敢出门。

顾老师叫他合仆下来,给他涂药换纱布,说你要打人家,就

要准备被人家打。

屁股上倒没留下疤痕，鼻梁却从此歪了一点，仔细看是看得出来的。

救生组负责轮班做水，就是处理水质。性质和方法和在家里清洁鱼缸差不多，每天一大早，先把吸管放下去，橡皮管头上是个带棕刷的铸铁盘，让它贴在池底，两个人一个在池这边，一个在池那边，从浅水开始，用麻绳来回拉，一点点拉到深水那头。再从深水开始，把一根连接起来的毛竹放下去，长度和泳池宽度一样，两个人拽着并排走，走到浅水那头，漂浮着的落叶和脏东西就集中了，用网兜捞干净。因为抽吸掉一部分，水面低下去大约一虎口，要打开水泵补水。然后，再从浅水开始，把一个箩筐放下去，筐里一大半是明矾，加两铲子硫酸铜的蓝色粉末。筐子由充气的卡车内胎托着，两个人在泳池两边来回拉，慢慢往深水移动。明矾净水，硫酸铜杀菌和着色。自来水放一池子并不透明，像淡淡的酱油汤，要如此这般做过以后才会一片蔚蓝，令人联想大海和鲸鱼的眼睛。

这工作累人，却不乏诗意。

吃过大饼油条，上游泳课的小朋友就来了，更衣室传出一阵阵嗡嗡的吵嚷。没多久，男孩女孩就噼里啪啦冲了出来，霎间站满泳池四周。直到现在，他还能看见阳光下他们穿着泳裤泳衣浑身上下湿漉漉的样子，噢，天哪，真是老了。男孩女孩都来自附近小学，轮流来上游泳课。体育老师吹着哨子带他们做准备活动，而他们面对蔚蓝的池水，好像已经迫不及待了。

接下来就是他的事了。如果他们是第一堂游泳课，他会先教他们不要怕水……不吹牛，三堂课，他能让一个不会水的小朋友从这头游到那头。不，随便男女老少，教你三次，都能让你学会游泳。当然，刚学会，不怎么好看就是了。怎么做到的……就省略了吧，那是一门独家功夫，他准备带着去见死去多年的父亲。可以去问问闸北偏北会游泳的60后们，是谁教会他们游泳的。可以去问问龙华水上运动俱乐部工作过的人，知不知道有个胆大包天的小黑皮，教了小朋友十来趟，就敢带他们来横渡黄浦江。

这工作累人，却不乏诗意。

那天下午，他从江湾集训队回来，在宿舍换上救生员平脚裤，就是里面衬三角裤的那种，趿拉着夹脚拖鞋走出去。站在奶糕的救生台下，他问这场是谁的。奶糕说是铁二的，上铁二小。人好像特别多，一片水花，一片喧闹。奶糕戴着镀水银的墨镜，那时刚流行，外面看就是两面小镜子，救生组一人买了一副，他嫌妖气，从来不戴。他刚想提醒一句学生多，当心点，一低头看见水下有个人影，趴着不动。他叫了一声就跳下去了，奶糕也哗啦跟下水。抓住手脚，拉出水面，托上池沿。顾老师奔了过来，一面喊清场，一面叫围过来看的小朋友散开。他用手指抠出那小弟弟的舌头，把他横在腿上控水。水从嘴角流出不少，可人还是一动不动。做人工呼吸，做口对口呼吸，一点反应都没有。后来就抱起小弟弟朝外跑，对面是闸北中心医院的后门，穿过太平间，穿过护校，就看见医院大楼了。他抱着小弟弟跑，真的，什么念头都没有，就知道希望一点点没了，因为小弟弟湿漉漉的身体一点点僵硬了。

小弟弟是第一次游泳，跟妈妈吵闹了很久，妈妈只好去买来游泳裤。这是他们后来知道的。当时可能是从浅水区扒着水槽移过来，手一松掉了下去，可能是一起在浅水区玩的同学转身走开了，小弟弟一脚滑进了深水区，可能是坐在池边，哪个同学开玩笑推了一把，可能……说可能还有什么屁用？小弟弟穿着新游泳裤溺水死了，死在他们亲手挖出的比浴室池子大一点的短命游泳池里。

那是他第一次直接接触死人，他抱着小弟弟湿漉漉的身体。

他再没去过学校的游泳池。这工作累人，而且一点意思也没有。噢，去过一次，开学以后去拿自己的东西。顾老师说事情过也过去了，没关系的，你告诉我，就在救生台下，奶糕怎么会没看见？他说不知道，就走了。顾老师不会相信的。他自己也不相信。

那天下午，在他搭话前，奶糕在打瞌睡。

姐姐的怀抱

他跟林林说，我明天就十五岁了，你亲我十五次。林林一手钩着他脖子，一手捧着他脸，开始亲他额头和眼睛，亲一次数一下。数到十的时候，嘴唇粘住了嘴唇。本来并排坐着侧身亲，现在一条腿跨过他身体，面对面，亲得越来越慢越来越长了。

他私下叫姐姐，旁边有人就不叫。起先是一起集训的臭小子们耍无赖，姐姐姐姐乱叫，把一身汗臭的运动衣脱下来扔给女生洗。女生都是大几岁的运动员，参加成人组比赛。他不叫姐姐，也不凑热闹，就等林林一个人的时候，他才假装正好要洗衣裳，踢哩跶拉地过去。林林伸手一把抓过他的衣裳，揿在自己的水盆里。他只好假装无聊地在每个水龙头下冲冲手。林林一边洗一边问，累不累，吃得消吗，礼拜六几点回去。

礼拜六回去也没什么意思。家里人都不在，门窗紧闭，碰到阴雨天气，推都推不开。他好不容易把钥匙捅进锁眼，撞开门，看见爸爸一个人坐着喝酒,他说爸在啊,爸说回来啦,再无话可说。他宁可一个人留在集训队,陪值班教练和看门老头说说话。体院地方大,可以瞎走瞎转,总能发现以前从没留意的东西,知了上树,白头翁筑巢,水塘里的鳘鲦鱼浮了上来,树叶在风里上下打转都能让他着迷半天。

现在谁都知道了,他和林林好。最多被队友嘲笑几句,他不在乎,知道他们没恶意,他们也喜欢林林。林林有一种妈妈的气场,在谁身边一站,谁就心平气和。那时刚恢复体育运动训练,解放军来管,教练也凶得要死,贼驴戆胚瘟牲穷骂,有时会跳下来,掐住谁脖子朝水里揿,非呛死不可。有姐姐就好多了,姐姐会安慰他,说教练是为你们好,教练心急,亚运会回来,自己退役了,指望你们以后去替他争口气。

训练结束,教练说你们自己放松放松。他们就在游泳池里打架,从浅水到深水。林林从更衣室走出来,在池边叫他,室内,回声嗡嗡的,叫他上去吃饭。他听话地游到池边爬上去。这次没人起哄,好像没看见似的。他知道他们都看见了,只是他看得更清楚,林林穿着短袖衬衣,胸口被披散下来的头发弄湿了,两粒奶头凸了出来。

林林在洗他的衣裳。他坐在台阶上嚼草根玩,突然听见林林骂他,说你思想不健康。他不懂什么意思,一看林林在洗他的裤头,明白了。他像挨了一巴掌,低着头一个人去吃晚饭。晚上又一个人跳进水里,一个八百米,又一个八百米。有人跳了下来,哗啦哗啦游到他身边，跟他一起游。最后冲刺，他怎么拼命都没用，姐姐永远在他前面半个身体。抓着池壁，呼哧呼哧喘了半天，姐姐说你干吗躲着我，我不是故意的，不是骂你。

礼拜六林林带他回家，林林的家。饭桌上，林林把好吃的都往他碗里夹。林林妈妈说林林捡到个弟弟，开心死了。吃完，两人躲到林林房间去，你一句我一句地随便说说，时间很快就过去了。

数到十五次，他说我难过，姐姐说我也难过。姐姐压在他身上，蹭着他下边，说你来吧。他云里雾里如痴如梦地脱了裤子，也替姐姐脱了。看他一动不动，姐姐急了，手摸下去帮他，摸到湿漉漉黏唧唧的一片。姐姐又蹭了一会儿，看他死狗似的瘫着，在他耳边恨恨地说，你赔我，替我擦。他坐起来，看见窗台上仙人球缓缓展开金色的花瓣。

就这样，或者礼拜六直接去姐姐家，或者礼拜天他去找她。

姐说我给你，就给你一个。

说我不管，我就要你。

说你别这么快，我还没好。

说我要让你忘不了我。

一次，说你越来越贪了，以后跟姐姐分开了怎么办你。

一次，他睡着了，醒来发现姐姐俯下身体用脸蹭他那儿，那儿直直地竖起来，姐姐哭了，泪水冰凉地滴下来，他吓得不敢作声。

鲜花时时，每次总能看见它们缓缓开放。鲜花处处，每次总是开在出乎意料的地方，弄堂尽头，马路拐角，堤岸下边，船篷顶上，渐渐地，一簇一簇的雏菊、杜鹃、风信子和草芙蓉开遍了他们手拉手走过的地方。

中国什么时候有过妈妈的怀抱。妈妈太忙，妈妈太累，妈妈的怀抱里装满了灾难和垃圾。他只记得姐姐的怀抱，一次次在姐姐的怀抱中昏过去醒过来。

这一切被突然打断。他集训结束回到学校，姐姐也没能留在体工队，分配去了黑龙江农场。他没去送，想也想得出来，火车站的高音喇叭遮掩不住哭声弥漫绝望弥漫。他不想跟姐姐告别。

过了一年。他在乡下学农，收工后，他到河边去洗衣裳。洗到一半，听见姐姐说你思想不健康。他想了又想，不敢肯定跟姐姐的第一次和以后的一次又一次是不是真的。抬头看去，河浜对岸，夕阳跌在姜花丛中，碎了。

以后，他忙其它事情去了。

过了一些年。他经过那条马路，看见姐姐家老房子拆了，一片残垣断壁。他神差鬼使走了进去。只记得一个大概的位置，怎么能找到姐姐的房间啊？该死的废墟，怎么都那么相似？这时，他应该看到一种不知名的小花，在一簇绿叶上，在一片瓦砾中，高举着蓝色的星星点点。

他只记得姐姐的怀抱。

姐姐的怀抱不能虚构。

棺材炉子

他和老把子两个在小工场大炉房的地上又刨又铲,弄出一个长方形的坑。其实也就一块砖头深浅,他让老把子把耐火砖一块一块递过来,沿坑底砌平。泥板加刮刀,黏黏的火泥不干不稀正好。四边砌上来七十公分,中间砌一道墙,隔开燃烧室和加热室,隔墙上部空出一条反射窗口。两边底部都要留一个洞,燃烧室的大一点,用来插鼓风机管和清灰;加热室的小一点,导流孔,先用火泥做的塞子从外面堵上,像热水瓶塞头一样,到时候拔了塞子,熔化的铝水就从这里放出来。对了两边上部侧面朝外都要留一块活络的耐火砖,转直了放,操作当中可以抽出来观察里面燃烧和熔化的情况。不简单吧?就是事情过去太久,老是要补充,老是把最重要的漏了。总之,忙了一上午,最后直起腰来左看右看,方方正正,煞辣势平,手艺不一般啊不一般。

这炉子有学名,叫反射炉。查辞典"反射炉",英文名称

reverberating furnace，定义是燃料在燃烧室燃烧，生成的火焰靠炉顶反射到加热室加热坯料的炉子。定义呵呵没有不拗口的。

砌反射炉是工宣队卢师傅带他到工学院去学的。工学院在延长路，市郊开始的地方，后边就是农民的稻田菜地了。走进工学院校门，找到一座红砖楼房，有一位老师等在那里。老师系着围裙，不像老师倒像菜场卖肉的，就啤酒瓶底一样的眼镜在显示学问深厚。这反射炉真的是一门学问，不过他就学了一天，上半天讲原理，下半天砌一个看看，老师说不错不错，他短暂的大学生涯就结束了。

第二天约了老把子早早跑到学校，花半天时间像模像样砌好炉子，大炉间平地上冒出来一座崭新的小建筑，比棺材短点，事实上他们立马把它叫做棺材炉子。加热室装进四块铝锭，封上耐火盖板，燃烧室用木材引火，旺了以后用铲子撒上焦炭，小块在底下，大块在上边，看它们一点点红了，也封上耐火盖板，推闸通电，鼓风机呜地响了——一座有声有色的砖头棺材，你能想像吗？

加热室导流孔外，地面上要凿一个圆坑，好搁钢勺，接住淌出来的铝水。接满一勺，塞上导流孔，端着钢勺到隔壁翻砂间，把铝水倒进砂箱的浇口中，他和老把子的职责就到此为止。一勺铝水可以浇铸两箱，每箱一打十二个钢精锅耳朵，就是锅子两边的把手。现在都是冲床冲出来的铝片了，那时是浇铸的，牢得不得了。翻砂间模版造型，大炉间化铝浇铸，冷却开箱，再一版一版摞起来送去工场,让一个班一个班轮流参加劳动的同学锯开、锉平和抛光。

中学四年,夏天在游泳池当救生员,冬天就在校办小工场烧大炉。所以,这个学校他给它的比它给他的多。这样说好像有点冤枉鬼叫,但这是事实,尽管他很喜欢这两件事情,他比同龄人早几年体会什么叫工作。夏天去游泳池,都在暑假里,冬天去烧大炉,由卢师傅看中的同学轮换,他排在寒假前的两个月。好事是不用上课,那短命的工基农基外语军体有什么好上的?

烧大炉的几个同学被卢师傅看中,大概因为第一年去厂里劳动都表现得比较好,力气比较大。互相问了问,都在铝制品厂大炉车间或者轧片车间头道轧车劳动过。大炉车间的同学把刚浇铸成型的铝块用小车推过来,他在轧片车间头道轧车,双手用长柄钢钳夹住通红的铝块,夹红烧大排骨一样,狠性命甩到轧车台子上,师傅点点头把它推进轧辊。八公分厚六十公分见方的铝块啊,你试试看。他当时才十五岁,想想吧,一个小疯子在轰隆轰隆作响的轧车前拼命挥舞钢钳。

那时上海冬天真的会下大雪,哪里像现在,撒点雪粉雪粒算了。雪花飘飘的时候,他在小工场大炉间当班。很惬意是吧,棉袄一裹,靠在炉边打个盹什么的——呸,你当是在彝族景颇族鄂伦春族人家体验生活?

这种天气,零下天气,炉子很容易烧僵,僵掉了,就是再怎么烧都没用了,铝锭化开一半,白花花稠兮兮,糨糊一样,没办

棺材炉子 085

法放出来浇铸。怎么拼命烧都没用，一次次在底下捅炉渣，一次次把封盖撬开添焦炭，鼓风机用力吹啊吹，可是那该死的糨糊还是糨糊，一点面子不给，一点办法没有。这种天气，零下天气，人又气又急，一脸汗水被炉灰涂花了，心里跟这炉金属糨糊一样，一点点冷却下来。只能灭了起死回生的念头，去吃点东西，回头重来，清炉膛，点柴火，加焦炭……死人棺材炉子不当心复活了，算额角碰到天花板，还是上气不接下气，霉头就触到十六铺去了，要拆掉炉子重砌。大概炉子老化了，耐火砖老化了。拆掉重砌比平地起灶麻烦得多，想想怎么撬下那一大块铝疙瘩吧。

就算空闲下来，他们也不喜欢待在炉子边上。那加热室不封严了不行，温度上不去，熔点不到会烧僵。封太严了也不行，人有气还要打嗝放屁发牢骚呢，你不让它冒点漏点，它一发脾气就成了炸弹。危险往往就发生在这种天气，零下天气，因为担心烧僵了，炉盖封得太死。

鼓风机打开以后，一般要烧一小时左右。他们躲到学校大楼南面去，到又避风又有太阳的墙角去。老把子爱吹打架的故事，说在交通公园一个人对付四个练螳螂拳的娘娘腔，把螳螂爪子一根根撅断了。他在学校见过老把子打架，左右开弓，打得那69届欺软怕硬的家伙眼角鼻孔嘴唇都喷血。他说打人不打脸，难看吧，老把子说大洋桥那帮烦死了，不打出血来不太平，湖北人，怕血。刚说到这里，就听见轰的一声，背靠的墙壁屁股下的地面都震动了。他们跳起来就朝学校大楼后面的小工场跑，跑过去一看,呆了,大炉间塌了一半,房顶剩半边,外墙剩半边,那棺材炉子不见了,到处是炸开后飞溅的铝水,冷却结块了,像冬天的冰冻鼻涕。老把子说结棍,辣妈妈的原子弹核武器一样。卢师傅听到动静跑过来,心急慌忙地问人呢人呢?你没事,你也没事,他笑了起来,哈哈人在就好,房子是人造的,能造就能修,棺材炉子更好弄,明天辛苦两位小将再砌一个。

有一件小事情要不要说出来?食堂里那只煨灶猫,常常到大炉间取暖,我们也喂它一点剩菜剩饭的,这天正好煨在炉前打瞌睡,被炸得四分五裂,脑袋连着一点身体被甩到矮冬青树丛里,眯着眼睛抿着嘴巴,保持着打瞌睡做美梦时的愉快表情。

会拉小提琴的老师

　　大炉间来了两个老师帮忙，外校的，也是铝制品厂派驻工宣队的中学，姓什么他假装想不起来了，一个是教外语，有点猥琐，不想说他；一个教音乐，白面书生，手指细长，会拉小提琴。老师不去讲课来烧大炉，奇怪吧？那个中学的小工场也要加工钢精锅耳朵，场地不够，翻砂不做了，让他们多浇铸一点，三轮卡拉回去让学生锯开锉平抛光。派两个老师来，意思是头道工序也出过力了，讲得过去。好吧讲得过去没什么讲不过去的。

　　帮忙就真帮忙，要讲得过去，可是这两个老师，一个说起来头头是道，主意多得像猢狲卵子敲铛锣，笃笃笃，饭泡粥；另一个搬一筐焦炭进来，一放下就翻来覆去看手指，脸色也黑下来了，后来用热水穷洗，恨不得搓掉层皮。这样说好像有点文革路数小将腔调，不好。意思就是不管本校外校，老师还是学生，大家结伴劳动，怎么好像你们做是不应该的，我们做就是该死的？

你们拿工资，我们只有免费烂糊肉丝盖浇饭一客，凭什么要做得更多活更重？你们是成年人，我们才多大，事情怎么倒过来的啊？问题有点绕，有他的也有老把子的。他只好劝老把子也劝自己，算啦算啦，老师不让讲课来烧大炉，已经想不通不开心了，就当人家不在吧，不是一样做？

老把子发明了一句话，要捅捅到底。每天早上生炉子前，要先把隔夜的炉渣清除掉，他抓着钢钎往下捅，恶狠狠地说三遍，要捅捅到底，说完抬头看看他，嘿嘿一笑，很下流。后来他当了工人才知道，这是全世界劳动者的光荣传统，一切长的圆的硬的软的凸起的凹陷的东西，一切钻孔打洞雌雄搭配主动被动出声和不出声的作为，都可以和这件事情明的暗的直接地间接地联系起来。后来看了一点人类进化史，看了一点史前文物图片，看了李敖先生关于"且"字和祖宗牌位的解释，才知道这是一种源远流长的文化，一种自信和优越感，一种可以叫做崇拜的人类心理。要承认，他最初的启蒙就是老把子这句恶狠狠的话，要捅捅到底。

外语老师摇摇头。音乐老师头摇摇。帮帮忙，别以为没人看到你们眼中闪过一丝欢乐的亮光。他不想知道你们为什么不去讲课来烧大炉，反正这是一种惩罚，劳改不够条件，牛棚又装不进去，送来和他们做伴罢了。他一想自己又算什么？想捅到底还不够硬扎呢。

多做点无所谓，就当人家不在吧。闷声不响做了好几天，两位老师感觉到了，开始搭讪，开始主动帮忙递递东西打打下手。碰上中午歇炉浇铸，老师替他们把那份免费午餐从食堂里端过来，搁到炉盖上。忙得差不多了，轮到他们吃，烂糊肉丝盖浇饭又烫又香。那时的一个中学生，有的免费午餐吃，不多吧？

早餐自己带，他是家里蒸的菜包子或者淡馒头，老把子是永远的山芋。他放到炉盖上烤，老把子塞进炉洞里烘。天啊，又闻到那份引人口水勾人肠胃的香味了。烤馒头和烘山芋，各有各的精彩，通常是我分你一半你分我一半。那时已经有精白面粉了，老把子说精白粉和黑面粉到底不好比，他说反动啊，修正主义苏联才吃黑面包，社会主义没有黑面粉的，只有标准粉。两位老师在家吃了早餐过来，有时候也愿意尝尝烘山芋。这东西吃了放屁，老师学生一样的，你放我也放，没什么不好意思的。

他假装无比敬佩，请音乐老师把琴带来，中午休息时好让他们聆听一曲。他没告诉老师自己也在学琴，已经到马扎斯和沃尔法特交替啃了，明年大概可以拿来顿特咬上几口。第二天老师把琴带来了，琴盒外做了棕色绒布套子，打开来看，琴旧得炫目，琴颈和指板斑斓一片。老师摆好功架，开始调弦，他当场惊呆，音色妙不可言，如闻天籁。琴好，演奏得也好，是当时最红的曲子"炉台"，他觉得水平和自己的先生不相上下。这话说了就不好交代先生是谁了，反正在样板团乐队。老师沉浸其中的神态，干净的指法和从容的弓法，让他彻底服帖，敬佩就不是假装的了。

老师说你也在学琴吧，看你手掌合拢对搓的样子就知道了，先去洗洗手，也来试试。洗手的时候，老把子说就是一把木头，又不是不锈钢，很稀奇吗？他说那是古董，你懂个屁。他没敢试，把琴捧在手上腹背里外看了个够。他的是练习琴，老师的是演奏琴，进口货，纯手工，年代久远，保养又好，相比起来，他那把"星海"就是一把柴爿。琴弓捏在手上掂掂，弓干比他的细，却沉得像钢筋，价钱大概可以买一百把"星海"吧？老把子拿过琴去也仔细看了，说干得都有裂纹了，拿来引火倒是好烧。

音乐老师说他力气太大，手指头像小榔头一样。他还是拉给老师听了，在自己那把练习琴上，在他家里。那个年月，请到家里来就是信任的最高表示了。他拉给老师听的是练习曲，马扎斯26，手指头在指板上咚咚敲打。不敢说先生教的，先生确实没这要求过，不过先生就是这么示范的，手指头像小榔头一样在琴弦和指板上16分音符敲打过去。大概他这个人生性如此，好的不学，稀奇古怪学得来得个快。他爸爸也在，笑眯眯地一声不吭。音乐老师说如果有个麦克风呢，你咚咚咚的算伴奏？呃，这倒没想过，还有麦克风。

音乐老师不是来指导他拉琴的，是听他说家里有一些旧乐谱，就要来看看。他自说自话把爸爸的乐谱理出来给他看。老师一本本地一边翻看一边分作两堆。看完了，拍拍手上的灰，指着一堆说，这些，卖给我吧，你们出个价。爸爸当时脸色就不对了，看看老师，站起来走出去了。他也觉得不对，也说不出哪里不对,不知道该说什么,只知道大事不好。音乐老师耸耸肩,走了。

到此为止。再不谈音乐,不谈拉琴,该干什么干什么,该烧大炉烧大炉,该吃饭吃饭,该放屁放屁,该孵太阳孵太阳。

爸爸就说过一句,上海人是很讲分寸的,怎么有的上海人这么不懂分寸?

南大路事件

容老师一生执教，学生成千上万，不知道算不算荣幸，他能不小心给老师留下一点印象。已经当了好几年工人了，他跟着申请入党，有人去中学外调，回来偷偷告诉他，容老师说小龙嗨嗨不一般，他就是闯祸也是大祸。

好像他真的闯过什么祸似的。中学四年，书没好好读是真的。夏天在游泳池当教练，冬天在小工场烧大炉。加入学校的政宣组，刷标语画水粉，也加入红团的纠察队，打过人也被人打过。这都不算什么吧，风头一时呼啸而过的哪里轮到他了。

倒是容老师，一次和班里个子最高力气最大的阿全动起手来，拉拉扯扯摔在地上，爬起来掸掸灰，哼了一声，说当初对立面打砸抢，我帮党支部保卫档案，头被他们打破，当场流血500cc，怎么样，谁怕谁？他们假装没看见老师狼狈的样子，集体注目致敬。他到现在都不知道500cc是多少，淌在身上地上是怎么量出来的。

想起来了，只有一件事情算是大事吧，因为在市里挂了号，叫11-24南大路事件，11月24日，1970年，南大路，南翔到大场的郊区公路。

那时中学没有高中，初中应该读三年，不知为什么待了四年，70届的到71年才分配出去。最后一年学工学农，每个班级分两半，一半先下乡学农，一半去工厂学工，半年后对换。学农的地方今天说来不远，不，当时也不算太远，58路公共汽车乘到底，祁连山路终点站下来，公路对过走进去，桃浦公社下面的陈家白墙生产队。

生产队里有个浑身滚圆的姑娘，爱说爱笑吧，吸引了班上的几只小公鸡，有事没事就凑过去。那几天在地里拔棉花梗，他已经注意到几个插队落户知青有点恼火了，就关照那几个同学，不要发骚，不要惹事。他算是这十几个同学当中领头的，不太管，难得说说还是给面子的。但这种事情真是说了没用，小公鸡一有机会还是要往那胖女孩身边凑过去，这里说说笑笑，那里有人脸色就难看下来。

在他身教重于言教的管理下，没钱买肉吃，睡觉养精神，晚上一屋子十几个早早熄灯睡觉。隔壁就住着知青，这天晚上聚了些人，也十几个，喝了点酒张狂起来，开始骂山门了，说要教训教训学生。牛棚改造的老房子，一板之隔，上面还贯通，香烟屁股就丢了过来，掉在蚊帐上，差点烧起来。十几个同学都穿上衣服起来了。还好,隔壁叫着要动手,一直没打过来。直到夜深,知青散了,自行车叮铃当啷离去,他看同学们都裹着衣服傻坐着,就说咽不下这口气就别睡了,有种的跟我出去,抄小路截他们去。

小路穿过另一个班级学农的生产队。他们关了灯刚躺下,一叫都爬起来跟着走。沿着田埂冲上南大路,正好知青骑一个带一个地七八辆自行车过来了。他把带头的家伙拽倒在地,一脚就朝脸上踩下去。知青小看学生了,不知道他们都打架长大,重手重脚,朝死里打。好像打的时间是长了点,长得他都觉得没意思了。他没想过一直这么打下去非出人命不可,郊区公路灯光昏暗,四下里拳打脚踢鬼哭狼嚎没完没了,直到上海民兵乘着卡车端着长矛赶来。

他们和知青都被押进公路旁边的畜产皮张仓库。那气味,好闻不了。好像个别知青伤得重了点,听说要送医院。他们靠墙坐着发呆,像战斗间隙的士兵。坐得冷了,要小便,分批去,民兵押着。小便的时候,边上那个谁就问这东西怎么办,说着摸出了弹簧刀,还有那个谁,带着铁指环。你们怎么不端挺机关枪扛门炮来啊,都扔了!从厕所上边的气窗扔出去,外面是菜地。大家抖抖坐回去,不,被押回去。后来进来一帮人,领头有点军人气质,转了一圈,哼了几声,说学生先放回去,让学校工宣队去处理。听民兵说貌似军人的就是陈阿大,上海民兵总司令。事情好像有点严重了。

学农还没完成，陈家白墙要待下去，要继续和那帮知青贴隔壁住下去。他让大家去蘑菇房拆根木棒下来放在床头以防对方报复。不过后来再没冲突过，本地知青，怂货多。倒是容老师和工宣队师傅不依不饶，找他谈话好多次。一次容老师神秘兮兮地笑笑，手还比比画画形容弹簧刀的样子，他就知道肯定有谁老实交代了。他反正一口咬定没看见。他判断老师和工宣队师傅不敢上报，不想把事情弄大。

真要总结经验教训，这个事件里有四条要记住的：一是打架别带凶器，现场找木棍抡找石头砸问题不大；二是打架要有时间观念，别没完没了；三是打架不要在公路上打，卡车开过来要避让，车开过去重新打起，麻烦；四是打架光线要好，半夜看不清把下了中班自行车骑过来的工人拉下来打了一顿，啥名堂嘛，害得他带着同学上门去赔礼道歉。

写下少年时的打架故事，有点犹豫，很怕人家误会我崇尚暴力。那些有发言权的人写文章做演讲有机会就谴责文革遗风和时下戾气，每次看到就有点心虚。我一生打架无数，因为年代特殊，但我本质上是爱好世界和平的。也就是说，在不打架的时候，我绝对是反对暴力的好吧。

个人主义的程度

中午，苏州河还在涨潮，他和同学来到新闸桥上。学农回来以后，又到工厂学工，他们在河边的一家拉丝厂，每天和师傅们一起，对付盘成一圈圈的圆钢。先是又轧又磨把一头弄细了，可以穿过模具孔，用拉丝机钢缆上的卸克锁住，然后开动卷扬机，生拉硬拽地把盘圆拉细，嘎嘎嘎的，声音恐怖。工厂发给学生饭菜票，供应一客午饭，此外就没什么报酬了。午饭一小时，他们十分钟就吃完了，师傅们要眯一会儿，他们可以出去沿着河边闲逛。

水位很高，河水浑黄地贴近上来。一条水泥驳子卡在桥下，闷船了，几个船工手忙脚乱，他们幸灾乐祸地看着，等着驳子被潮水和铁桥挤个粉身碎骨。

太阳很大，桥上没风。蒋光问他，你不是冬泳过嘛，敢在苏州河里冬泳吗？他把棉袄裹裹紧，说我没什么敢不敢的，说跳就跳,你们呢,有种一起下去?他们三个互相看看,被这念头挑唆得鼻子嘴巴呼呼喷热气。蒋光问游到哪里算,他说就从新闸桥这里游到西藏路桥,一个湾子,大约一站路。他看他们还有点犹豫,不再说了,很快扒掉棉袄和衣裤,爬上铁栏杆,直接从桥当中跳了下去。

冷,绝对冷,从水里冒上水面,太阳穴一阵阵刺痛。他看见桥堍聚集一堆人,蒋光他们不敢跟着跳,跑到桥下,想从岸边泊着的木船上下水。女同学看见跑来了,帮忙抱起他们脱下的衣服。他们咋咋哄哄的,招来很多人看热闹。有一个没种的,不说是谁了吧,脚一碰到水,触电一样缩回去,哇地逃上岸了。他在河里招招手,让下水的两个游过来,关照他们头别埋进水里,手划脚蹬配合好,跟着他,尽量稳着点。

冬泳的感觉回来了。已经中断一年了。夏天在游泳池工作的同学,加上玩石锁的伙伴,加上红团几个干部,三四十个人,排着队从学校出发去冬泳池。十月中旬开始,不到一个月,人减了一半,一进十二月,只剩玩石锁的他、鸿喜、斯祥和柏寿了。开始游半小时,后来减到二十分钟,再减到十分钟,最冷的天气只能游五分钟。一次在冬泳池门口,碰到69届一个平时很嚣张的家伙,疤瘌,说陪你们进去玩玩。玩玩就玩玩,十个来回吧。才三个来回,疤瘌就不行了,冻得叫也叫不出,被救生员拖了上去。

他们在学校里不跟人家搭话,板着脸走进校门,走过走廊,

走到教室。这四个人太扎眼了,谁都知道他们是玩石锁和游冬泳的。疤瘌看见他们就嚣张不起来了,对人家说不要不服帖,你们去试试看。

他们也有服帖的人,是冬泳池里碰到的一个女生。她跳下去也不怎么游,浮着泡着,不过每次在水里待的时间都比他们长。他们上来以后穿好衣服喝姜茶,牙齿咯咯碰得旁边都能听见。那女生出来,好像洗了把热水澡,白是白,红是红,脸颊和嘴唇鲜艳得让人想上去咬一口。噢不,好像又看见了,她走过身边,湿漉漉的长发一甩,几粒水珠冰凉地溅到他们脸上。他们每次去冬泳,都会忍不住在池里找她,哪次没看见,就担心她经受不住了,以后再也不会出现。她差不多成了他们拼命坚持下去的动力了。

最冷的时候,冬泳池岸上的积水都结了冰,水面上也有一些碎冰漂浮,不当心会割破脖子。一天,他刚爬上来,正要窜进更衣室,忽然看见那女生在水里歪歪倒倒出问题了,连忙又跳了下去。他们七手八脚把她托上来,先横放在他背上控水,再裹上棉大衣,把她交给工作人员。听说当时就送医院抢救了。听说她本来就有肺结核,不该冬泳的。长一知识,脸上红红的,不一定健康,很可能是肺结核的反映。他不明白她每次在水里待那么长时间干什么。鸿喜说了一句歇后语,癞蛤蟆垫台脚,硬撑。

冬泳的感觉回来了。苏州河里,他带着两个同学,头举在水面上,咬牙切齿地朝前游动。

两岸胸墙上露出好多人头，都是来看稀奇的。近千米吧，平潮时分，没什么顺流逆流的，他冻得感觉不出距离有多长，游了有多久。穿过乌镇路桥，拐过弯去，就看到西藏路桥了。他们渐渐靠近河边，在四行仓库这个地方找了个铁梯上岸。桥上岸边，人们居然叫好，还拍起手来。三个人心急慌忙擦了擦身，穿上衣服，沿着河边一路小跑溜回拉丝厂。

下午，容老师来拉丝厂，不知道谁告的密，又闯祸了。容老师把他从车间里叫出来，说没想到你个人主义发展到这种程度。不是个人，我们几个好吧。你还跟我玩文字游戏，你是冬泳锻炼过的，想没想过同学的死活？不是都活着都没死嘛。容老师愤怒啊，眼镜后边眼珠子都弹了出来，说，万一呢？

就这个人主义和万一，害他用毛笔写检讨，大字报贴回学校去了。

王家老四学理发

容老头太过分了，跟在他后面上厕所，一面掏一面说，小龙你在同学当中还是有威信的，大家都在看你，等你表态。他说还没想好。那你再想想，不过想的时间不要太长了，最好这个礼拜。他抖抖，退下来转身就走；容老头也抖抖，追在他屁股后头。

容老头是班主任，那时才五十不到，比他现在小好多。现在知道小屁孩怎么看五十出头的人了，反正老得不像样了，老得屁话无穷无尽，老得抖也抖不干净，就滴滴答答地过。

容老头希望他到广阔天地大有作为动员大会上去发言。他猜是工宣队师傅的意思，容老头答应下来，表示积极紧跟。喂，你要给工宣队师傅面子，他凭什么要给你面子？再说了，他去发言，说要到国家最需要的地方去，同学会相信吗？他们肯定会想这小黑皮，阿哥阿姐三个在黑龙江，自己铁定留在上海进工厂，冒充积极来诳我们，去死。

发言肯定不发，直接报名吧。走就走，要走走远点，去黑龙江，火车乘到三棵树，哥哥姐姐三个在，多他一个问题不大，那里冰天雪地白茫茫一片，地方大得吓死人。

他觉得走之前应该学点手艺，有用没用再说了。跟父母解释了一番，拿钱去买来一套剃头家什，轧刨、剪刀、剃须刀和荡刀布。有个家伙叫小剃头，经常在铁路宿舍附近转悠，不挑担子，胳肢窝夹一个布包，凳子和脸盆就地跟人家借，打来热水就剃将起来。他跟着转了两天，学会三句话：重的家什不要紧，轻的才要紧；右手不要紧，左手才要紧；剃得好坏不要紧，功架好坏才要紧。最后一句有点玩笑，前两句说的都是一把小梳子，所谓手势，多半在梳子上，下去要贴近发根，端多高看你想留多少，关键是要端平，和头皮平行，然后沿着梳子推过去剪过去。

两天学生意，第三天独自开练。他瞄准了小他八岁的弟弟，把弟弟骗到凳子上坐下，大概还答应了什么，这才把白布围单系上弟弟的脖子。刚开始嘛，不熟练嘛，轧刨松紧都调不好，手又重，心又急，几乎是每推一次都吊住几根头发，疼得弟弟哇哇大叫。爸在里屋听不下去了，说这哪是理发，拔头发吧你。剃了很长时间，怎么都剃不平，越剃越短，狗啃似的，算了算了，洗头去吧。弟弟眼泪汪汪地站起来，他说你还哭，我都一身汗了。

接下来是龙胖的弟弟。接下来是他弟弟和龙胖弟弟的同学。滚雪球一样，屎壳郎滚粪蛋一样，也跟现在的直销一样，跟炒股票和写诗一样，一个人吃了苦头，就希望倒霉的不要只有自己，其他人也来体会体会，这个大家懂的，从小就懂。

铁路宿舍的这个夏天啊，下午冷不丁就会传出小屁孩惨绝人寰的嚎叫。他是逮谁剃谁，哪怕人家刚剃过，大哥哥给你修修。邻居们可高兴了，纷纷传说王家老四，看人家孩子转身就学会理发，小雷锋，不要钱，奶奶个熊的红厦理发室的师傅都干什么吃的？他忙得腰酸背疼，晚上梦里尽是一颗颗小人头晃来晃去，头发被狗啃过，短得能看见头皮发青。

可以吹嘘一下的经历是去奉贤五七干校找妈妈，他把剃头家什带去了。居然排起队来，像现在的酬宾促销，那些阿姨叔叔伯伯乖乖地把脑袋伸过来。就是这个夏天，他知道了一件事，脑袋这玩意是一人一个样，面孔分国字脸瓜子脸正三角倒三角，后脑勺有方的圆的扁平的不对称的七高八低的。通过在无数颗脑袋上的实践和思考，他总结出来的战术就是管球什么头型，坚定不移地奉行一把梳子端平，毫不犹豫地贴着梳子推过去剪过去。好评如潮啊，至少他让妈妈成天低着的头能稍微抬起来几分。干校分对象和动力两种人，妈妈是对象。那个管对象的军宣队领导，洗头的时候碰到妈妈去打水，说你儿子手艺不错，就是动作太猛，下手太狠。

这天，阿姨叔叔伯伯理完头发，集体组织去公路对面五四农场的河里游泳。他剃完最后一个，也跟着去了。那河浜脏得很，他是在清澈见底的游泳池里混出来的，哪里见过这个？大人们都呼呼隆隆跳下去，在浑浊的泥水里蛤蟆似的瞎扑腾，就别嘀咕什么啦，跟着下去呗。大概快到晚饭时间了，军宣队吹哨子集合，大家稀里哗啦爬上岸。一点名，少一个，全体脸色都变了。军宣队马上组织会游泳的再跳下去，篦子一样横排着梳过去，从这头到那头。一个来回，没有。妈妈跟军宣队领导说，我儿子是救生员，让他下去找。妈妈是东北人，好来事。他就问大人，丢了的那位伯伯会不会游泳。不会。有什么病吗？羊癫风，癫痫。他告诉妈妈，找到也是死的，妈妈说死的你也给我找到。其实真的很简单，不会游泳的人一般都靠岸活动，离不了太远，他就沿着河边用脚探过去，在一个旮旯里踩到了。他把伯伯托出水面，岸上的人七手八脚拽上去。他爬上岸，先把伯伯舌头拉出来，把烂泥草叶抠出来，翻过去控水，翻回来人工呼吸。医生赶来了，打肾上腺素强心针，又用手掌使劲挤压心脏，卡拉卡拉，估计压断了两三根肋骨。没用，没反应。还需要形容四下里围着的阿姨叔叔伯伯的表情吗？

那位伯伯，下午刚被他剃过头，鬓角没留好，一边高一边低，他当时恨不得有把推子再给他修一下。

孙悟空同志的金箍棒

容老头看他躲着不去学校不露面，晚上找来铁路宿舍家访。妈妈在干校，就爸爸在家。爸请老师进里屋说话，他在外屋有一句没一句地听听。容老头说，其实，我们会考虑具体情况的。爸问你说的我们是谁，容老头说就是工宣队校革会。爸又问你能代表吗，容老头想想，说不能，但是他们的意思就是这个意思，表态归表态，分配的时候会考虑具体情况。爸说我要问问小龙愿不愿意，容老头说当然当然，自觉自愿。爸说表了态就要去，容老头说不是这样。爸说就这样，发了言就别后悔，我是天南地北过来的，不反对。爸说已经有三个孩子在黑龙江了，再去一个，买床被子就是了。容老头走了。爸知道他能听见，没必要再说什么了。

剃头转为日常服务，有人来叫才出去练摊。他又开始学扎针。当时好像很时兴，是不是跟电影里的针刺麻醉开膛剖肚有关，跟解放军用金针扎好了聋哑人有关，跟那个《千年铁树开了花》的歌曲有关。他去买了一张经络挂图，买了一本针灸手册，买了长长短短粗粗细细的一套金针，就自己瞎琢磨。对了那本针灸手册好像就是让你自学的，是赤脚医生丛书中的一本。这不比剃头，找人练手没那么容易。也不好逮住谁就下手，一个半大小子捏着细细长长的金针，谁敢让你在身上练啊。

就在自己身上练。

赤脚医生就这么练出来的。

解放军卫生员就这么练出来的。

现在还能记得一点，百会，风池，印堂，太阳，人中，曲池，内关，合谷，梁丘，膝眼，足三里，三阴，华佗……中医的经络穴位很好玩，跟武术的穴位一回事，治病靠它，打架也靠它，大穴治大病，大穴也要人命。人有七百零二个穴位，三百个是对称双穴，五十二个中轴单穴，还有五十个经外奇穴。七百零二个当中一百零八个是要穴，三十六个能致命，叫死穴……行了行了，说打架起劲得不得了，不像话。还是说扎针，说在自己身上练。解放军扎响了聋哑人以后，革命路线乘胜追击，又扎亮了盲人，稀奇吧，扎几次，瞎子就看见了。书上还没来得及写上去，只是说眼部四周若干穴位，只要进针运针得当，能提高视力，预防近视。他拿来镜子，选对金针，摆好功架，看准穴位，噗地就扎了进去。嗯酸的，嗯胀的，嗯麻的。拔出来，眨眨眼，好像明亮了一些。他没注意身后爸在门口目瞪口呆地看着，然后才问，你这是干什么？扎针，中医，学问。爸不信中医，他气气老头。爸说，有这么干的吗？都这么干，先在自己身上练。爸说身上也要看什么地方，脸上就算了，要不我去买个猪头来让你练？

别不信，后来他还真入门了。除了要害的几个穴位，其它都在自己身上试过。邻居在铁路医院药房，带他去中医门诊求教。老中医开好处方就让他试试，说胆子大点，戳不死人。都是些牙齿痛胃气胀腰肌劳损的病人，都是常用穴位。老中医有一招，病人说哪里酸疼，就在哪里下针，只要能找到压痛点。这招书上也有，哪疼扎哪，叫阿是穴。老中医运针的时候还朝他笑笑，狡猾狡猾的。

老中医带他出诊，不太远，普善路铁路宿舍，是生活供应段一个干部家里的老太太，中风偏瘫。老中医从肩膀到脚底一路下针，一根根运针过来，然后隔三岔五地留针，捻上艾球点燃，拍拍他肩膀去窗口阳光下喝茶。

老中医是石氏伤科一脉，不过不姓石，姓陈。他虚心求教，说西医认为人体解剖开来是没有经络穴位的，陈医生骂放屁，看不见就不存在？以为经络穴位是一根根电线一只只变压器？那灵魂深处闹革命狠斗灵魂一闪念在说什么？他本来明白的，现在糊涂了，穴位和灵魂，呃。陈医生喝口茶，说中医也解剖验证的，然后雄伟地竖起一根食指，说比西方早一千年。他虚心请教，说中医经络和武术经络居然一样，救治和伤害怎么会是一回事？陈医生说你以为石氏伤科怎么来的,石氏家族早先就是闯江湖做镖局买卖的,反清复明伤了元气,镖局才改诊所。天下中医伤科都由武术世家演变过来,跟人打架要点穴,跌打损伤要救命,医治的关键就在经络穴位。还是没说清楚,陈医生说这叫辩证法。接下来,陈医生开始讲起石氏家族走镖的故事。那时候没有金庸古龙梁羽生,这种口头文学足够撼动一个半大小子的人生倾向了。他听得摩拳擦掌,血脉贲张,连声叹道可惜啊可惜,怎么改江湖郎中了呢?陈医生说不要瞎讲,石氏伤科不是江湖郎中,现在是文革,不好打招牌,不便自称天下第一罢了。噢,他还以为加了江湖二字更牛皮呢。陈医生掂起一根金针,手腕转动,说这不就是孙悟空同志的金箍棒吗?哎,西游记是这么写的,孙悟空从耳朵里摸出一根金针吹了口气。

一老一少说得好开心,时间就过得快了。回身过去给老太太撤针,又上上下下按摩拍打一番,陈医生说扶起来走走。家人半信半疑,说两个月没下地了,行吗?陈医生说试试看。家人扶老太太坐起来,搀下床,老太太慢吞吞朝窗口挪了几步,转身,又慢吞吞走回来了。家人瞠目结舌,他瞠目结舌。老太太呵呵一笑,嘴角一歪,口水流下来了。

我参加过一次校友会,一个班级一个班级排排坐,都老头老太了,不自报家门不认得谁是谁。容老师也来了,一个一个肩膀拍过去,名字叫不出来了,笑得诚心诚意。好像从来没有上山下乡，没有玩弄和逼迫，没有工宣队校革会动员表态誓师大会，没有后来广阔天地发生的一切。没有就没有，大家装作集体失忆。

容老师，最后一年您盯着我报名上山下乡记得吗？我哥哥姐姐三个已经去了黑龙江，您什么意思啊？您敢说不是因为一贯紧跟，爱好积极表现，就把学生卖了？烦透了，我就报了名，回家才告诉父母。我是真准备走的，后来通知来了却是本地工厂待分配。碰到容老师，又神秘兮兮地说早就知道会照顾的，表个态又没什么损失。很好，这就是中学的最后一课，虚伪。

容老师板书一流，捏着粉笔慢吞吞地写行书，这个我受影响的。容老师怪话不少，同学问政治面目怎么填，容老师说就写滑稽，面目滑稽，这个我受影响的。容老师除了生小孩，没有不懂的，搞得我也有点三脚猫，样样会一点。容老师不骂学生，而是冷嘲热讽，这个传承不知道好不好。容老师剥削阶级家庭出身，英勇地背叛家族，这个好不好就只有他自己去体会了。我的确闯过祸，给老师添过麻烦，但最后一年，我们扯平了，上海话忒皮了。

就像发生在昨天，1971年夏天，几个同学相约去南京路大光明隔壁的人民饭店，好像是每人出两块钱，一桌酒菜。去黑龙江军垦去安徽插队去崇明农场，就我等分配。我知道自己不会去火车站送行，我会惭愧死的，就这顿饭告别吧，干了干了。后来容老师去火车站了，开车前居然一节节车厢一个个窗口找过去，把家长挤开，他和自己的学生一个个握手告别，祝愿广阔天地大有作为。我没看到,是老把子学给我看的,四十多年后他还记得,说容老师笑得那么诚心诚意,都不好意思给他一个嘴巴。我记得的就是人民饭店的酒菜,每人两块钱。后来我写过几句——

  我们从旱桥走到人民广场
  又从广场走到外白渡桥
  觉得自己伤感得像长篇小说
  一言不发就各奔东西

另一只鞋

他说你少了一条腿反而好,减少支出,营养集中,人也胖了。大龙嗯嗯。他和大龙瞎扯,你反正江西农场也不会去了,家里被子也够了。大龙哼哼。他说我分进工厂也没什么好,装卸工一个,天天像黑人在密西西比河上扛木头。大龙说操。

在病房里陪一个刚锯掉一条腿的朋友说话,你能说什么?

往前一些年,他在楼梯口使劲喊走啦走啦。是大龙让他出门上学叫一声。大龙从楼上跑下来,嘴里叼着块干馒头,两手使劲往上提裤子,一直提到胸口。大龙妈妈做馒头,一做就是两筐,好像明天全家就要去逃荒。不过馒头干了以后很好吃,大龙时不时多拿一个出来给他。他用大拇指轻轻一搓,馒头屑雪花似的纷纷扬扬。大龙那么胖,倒不是干馒头吃的,说是妈妈给吃鹿茸吃的,不知真的假的。他没见过鹿茸什么样,就觉得背上痒兮兮的,像掉进去一条毛毛虫。他以为鹿茸长得跟毛毛虫差不多。大龙咽着干馒头，正在说什么越是天热越要用热毛巾擦脸。大龙妈妈肯定一直在用热毛巾给儿子擦脸，擦得腮帮子又肥又亮，他真想对准了拍一巴掌。走到红绿灯下面，警察一挥手，大龙拐弯了，他继续向前走。他们同龄，却不在一个小学。大龙读五年就够了，所以总是斜背书包，样子很神气。他也想把书包斜过来背，可是背带太短，而且小学要读够六年。到底是用热水擦脸的，又一天到晚吃干馒头，有什么好说的。他奶奶的居然吃过鹿茸。

不知道为什么，他对好些年前的这个早晨记得这么清楚。心里有点奇怪，嘴上继续瞎扯，说大龙你就是不练也能金鸡独立十分钟。小时候学武术，记得吗，早起练功，一次看错钟点了，半夜三更去叫你，后来你妈妈告诉我妈妈，说你儿子有夜游症。他一说，大龙也想起来了，两个人穷笑，笑得值班护士过来骂抽风啊。

在往前一些年，他俩躺在卧铺车厢下铺，一边一个，不敢笑出声来。站台民警刚走过去，手电筒朝车窗里晃了晃，平安无事。他们常干这事，晚上溜进车站，趁没人了，打开卧铺车门，进去躺一躺，觉得像在电影里一样。他有一串钥匙，大龙也有一串，都是从爸爸的钥匙圈上一把一把偷来的。他们比谁的多，谁的稀奇。他比不过大龙，人家有一把开手铐的，爸爸管乘警。他爸爸成天在车站，有把浴室的钥匙不错了。不敢太晚了，怕回家挨揍，两个人爬起来，狗特务似的摸向车门。就这时，车动了，哐哐哐地开出了站台。他俩你看我我看你，都慌了。他实在不知道这车会开，不知道它会开到哪里去。溜上来光顾紧张了，根本没看路线牌，能想起的全是昆明成都乌鲁木齐三棵树这种特别远的地方。好像开了很长很长时间。好像离家很远很远了。大龙问，跳吧？也只好跳了。不能反方向，要向着车头。大龙把门打开，抓着门外的扶手，看也不看，先跳下去了。他接着跳，也不敢看，不料还没想好动作，就稀里哗啦趴地上了。大龙叫着他，从后面黑咕隆咚走过来，说还好，车开得不快。他抬头张望，那车停下来了，仔细一看，前面是零号站台。这才明白，是调车，开出去又开进来，从那条轨道调到这条轨道。他俩鼻青眼肿一瘸一拐地走出车站，谁也不看谁，谁也不说什么。

很多年，都没说过，在家不敢说，在外不能说，多丢人啊，根本就不用跳车。他笑得扑到窗口去咳嗽。外面天气很好，太阳照在绿草地上，池塘边穿病号服的叔叔在用面包屑逗红鲤鱼。我们到楼下去吧，他说我去找轮椅。大龙点点头，说好。他找来轮椅推进病房，然后给大龙找鞋。在床脚找到一只，还有一只找来找去找不到。大龙看他在床下乱拱，大概不耐烦了，说，你找什么？他说还有一只鞋找不到。大龙说你真是的，我他妈的还要两只鞋干什么。

他当时在床底下恨不得掐死自己。

他当时什么都没说，推着大龙到楼下花园里去了。

大龙，和我同年，大我一月。因为我叫小龙，所以他叫大龙。他家在三楼，我家住二楼。一共三层的铁路宿舍，将近一半人家是山东临沂枣庄出来的，爸爸都是铁道游击队，后来编入华东野战军警卫团,打进上海以后,集体转业接管铁路。大龙爸爸是其中之一。我爸爸不是,我家安在铁路宿舍另有故事。说到铁道游击队,就想起我俩跳车的事,真没出息啊。

大龙锯腿的原因是右膝长了个东西,叫成骨肉瘤,恶性的。他锯腿后又活了一年多,到 1973 年。都四十多年了,我不知道同样的梦还要做多少次,我在找鞋,找另一只。我不知道。我妈妈被摁在车上游街,我俩正好经过和田路口,一起看见的。他爸爸被一个叔叔推到台上去请罪,我俩就在台下,在列车段的院子里。晚上去打人家玻璃,也是一起去的,一人一块,用弹弓瞄准,打完就跑,第二天又被大人逼着一起去向叔叔道歉。我不知道,这些我都记得,为什么梦里没有。我在找鞋,找另一只,这有意思吗?

大龙死后几年,他家搬走了,我家也搬走了。都还在老北站北边,离得不远。平时我抽空去他家坐坐,陪叔叔阿姨说说话。大龙妹妹莉娜,先游泳后打枪,打成了专业运动员,退下来又当了教练。她不乐意成天晒太阳打毛线,吵着回铁路当了站台民警,又不听我的,非要去学开车,站在路边就被一起学车的同事不小心撞死了。没法再过下去了,叔叔阿姨去了新西兰,好在还有老三老四一儿一女,在那里打工。

莉娜游泳早先是我教的。去了少体校后,礼拜天还来拽我去铁路游泳池。我带着她游,一个来回又一个来回,救生员都不管人家了,盯着这里看。莉娜身长腿长,蝶仰蛙爬都好看。

人的神经大概就这样一点点粗大起来。

一代一代地往下传

我和师傅在停车场冲洗卡车。也是顺便,东张西望,看下班过来走出厂门的女工,好看的盯牢,不好看的把头别过去。这个不好怪我,洗车的地方在停车场出口,靠近厂门。

老厂有五朵金花,四朵开在冷加工,只有一朵开在热加工。一样美好的姑娘,进厂以后身不由己,被分配到或热或冷的岗位,青春和前程不谈了,连身材也会不一样起来。厂门进来往左走五分钟是热加工车间,往右走五分钟是冷加工车间,当中是我们运输队。上下班时间你在停车场出口看好了,两边的女工走起路来腔调都不一样,冷加工的有模有样,花开不败;热加工的对不起了,进厂一年以后,屁股就开始大了起来。女工相对受点照顾,不会派去烧大炉,也很少到清沙工段打冷泵枪,一般都做造型工,整天蹲着干活,屁股焉有不大之理?

算了,左边不看,看右边吧。右边出来一个高大丰满的女工,那时不许烫头发,人家是天然卷,披在肩上,脸相又洋气,我叫她娜塔莎,五朵金花中的一朵。娜塔莎足踏祥云似的走过来,煞风景的是她旁边的男人,我认识,在毛坯仓库开电瓶车,高不过娜塔莎的胸口,走路还打横,整一个武大郎,没看清的还以为娜塔莎拎着一只铅桶回家。

他们怎么过日子呢?比方说,怎么亲嘴巴?武大郎在家随时端着一张小板凳?师傅说不懂了吧。不懂。浑身上下不匹配的两个人,还好得不得了,一道来上班,下班一道走,中午吃饭约在食堂,一只狮子头分两半,一碗酸辣汤你一口我一口,什么路数?

师傅竖起中指比了比,说人家这个玩意一级。

我没那么笨,还是懂一点的。但是,躺下去立起来横竖不匹配的两个人,好得经久不息,和这个玩意有什么关系?

师傅蹲下冲洗卡车底盘,不跟我说了。

不说拉倒,怕我慢慢不会懂啊?

师傅教我们开车。教我们认路。教我们装卸货物。教我们喝酒,一起吃饭,费用平摊,他说喝要付钱,不喝也要付钱。师傅教我抽他的黄铜水烟壶,我一吮,把壶里臭烘烘的水吸了一嘴巴。师傅教我们看男人女人,男的看鼻子,女的看嘴巴,搞得我们都把脸别过去,不好意思互相对视。有一次,我在民兵团部值班,武装部干事说晚上有任务,跟他一起去厂后门抓现行,就是去抓躲在河边树丛里做大人事情的,用手电筒照过去,白花花会动的,一逮一对。我本来就不会去,师傅还特地来找我,说你不要跟他去做这种伤阴鸷的事,人家可怜巴巴的,没地方去嘛,哪个愿意野地里摸黑做事情,屁股害伤风。

师傅就一点不好,我们几个不管谁谈恋爱,他都要瞎起劲,叫我们先斩后奏,做了再说。怎么做?掐牢人家头颈上啊?犯法的。师傅说唉,下手晚了人家飞走了,不要怪我没说过。他对徒弟太没信心了,不知道当时社会上青工还是蛮吃香的。瞎起劲惯了,师妹谈恋爱,师傅竟然也让她先下手为强,师妹骂他十三点。

十三点师傅啊。下作胚师傅啊。

师徒几个去洗澡。师妹进女浴室,我们四个进男浴室。下班晚了,浴室没旁人。师傅那天什么事情开心,想起来了,让老四抓了一把螺帽带进去。他自己烫好脚气,把洋铁罐里咸肥皂倒了出来,叫老四把鸡巴弄硬了,洋铁罐挂上去,站好,让师傅一只一只朝里丢螺帽。一只两只三只,洋铁罐滑下来了,不及格,去,下一个。三个徒弟一个个来过。最后,师傅说统统给我看好了,他站到大池边上,一只两只三只四只五只六只七只八只,八只螺帽扔进去,鸡巴挑着洋铁罐,他挺胸凸肚绕着大池走了一圈。

我当时觉得师傅太威武太雄壮了。

言传身教的师傅。无微不至的师傅。样样都教的师傅。不愧为男人的师傅。

洗好澡出来,夕阳斜照。路过毛坯仓库,看到一片绿叶覆盖堆场，几棵丝瓜藤蔓死皮赖脸地攀附在巨大的烘缸上，正在开花，看上去倒像是堆放了很久的烘缸不耐烦了，锈着锈着就锈出了金黄色的花朵。师傅说今年丝瓜筋有的用了。又说就怕没熟透就被哪个摘走了。老四想想说，师傅是根老丝瓜。师傅用湿毛巾抽了他一下，有几分得意。

知道娜塔莎和武大郎好得经久不息的秘密了吧？当时不是很清楚，现在比较参透了。现在如果哪个垂头丧气的男人来找我倾诉衷肠，比方我后来带的徒弟吧，结婚晚，老婆小，作得厉害，有事没事跟他吵一场，国庆节徒弟来看我，说实在不合适也只能同意离婚了。我不好多说，喝吧，两人一人两瓶黄酒，分手时指点一句，你回去狂风暴雨干她一次，大概可以太平一个礼拜。结果就是太平了一个礼拜。徒弟恍然大悟，说师傅有道理啊。我说你还是知其然不知其所以然。怎么才能知其所以然呢？我说你要读一点书，像师傅我，偶尔再弄几张盗版 A 片看看。

一代一代一代一代地往下传，这是以前一首老歌的歌词。

想起师傅礼拜天陪师娘去小菜场，师娘扭啊扭地走在头里，师傅提着篮子跟在后边，师娘看中什么菜，什么鸡鸭鱼肉，手一指，师傅赶紧上去，挑挑拣拣，付钱拿走，没得半句屁话。

师娘小巧玲珑，不像五朵金花里的娜塔莎那么高大丰满，不过很耐看，很让人怀念。我们几个谈的女朋友，她都看过，有的同意，有的不同意。

前世冤家

有段时间做内驳的驾驶员生病，叫我顶班。内驳就是厂内驳运，主要为热加工服务，把备料从材料仓库送进铸造车间，或者把铸件送到毛坯仓库。冷加工除了机床床身和烘缸什么的大件，基本不用内驳，有电瓶车够了，毛坯拖进机械加工车间，一道道工序下来，成品部装和总装，最后吊上火车车皮，直接从铁路专用线发出去了。我们围着热加工的铸造车间转，装的尽是水泥黄沙生铁废钢，都不是什么干净货色，难得装一车电解铜，算是山青水绿的活了。

就这么认识了燕子。她进厂不久，分到铸造车间做行车工。她师傅是二零六，跟我一起进厂，叫二零六，因为他体重206斤。看他爬上高高的行车真吃力啊，一步一喘，转个弯就要停下来歇歇。他会把饭盒带上去，午饭就不下来了。我肯定他还顺便带上去什么瓶瓶罐罐，可以在行车驾驶舱里撒尿。现在好了，二零六不用带饭盒了，燕子吃完了给他送上去，他睡醒了挑挑拣拣吃热的。燕子还要负责给他倒什么瓶瓶罐罐吧？呦，腻心，我瞎猜猜。燕子时常在地面上，说师傅关照，上下来去几个凡尔盘没什么大不了，在下面看看实际装卸，体会更深。二零六有境界啊，以后我带徒弟就这么说，开车不用学，站在马路边上看看好了，体会更深。

怎么样，我已经和燕子搭上话了。我的经验，热加工的小姑娘比冷加工的好搭讪。铸造车间什么地方？差不多就是阴曹地府，进厂第一天参观，踏进去就吓我一跳，那么大那么高，那么黑那么闹，挑一块平地刚站稳，不料脚底冒烟，一阵刺痛，不当心站到刚刚开箱的铸件上了。环境恶劣，谁递过来一点温暖就会心存感激，何况我能说会道，见面先作昏厥状，说仙女来到第三世界啦。真的，一个面孔古典、皮肤洁白、身材高挑的女子，站在黑黝黝灰蒙蒙的车间里，那是何等动人的情景，不是仙女下凡又是什么？

有一种明亮叫无限清澈，我是说环境，除了你所关注着的事物，周围的一切都融化了，蒸发了，混乱不复存在，空间一片虚无。想象一下，除了你关注的事物，不，人物，她在无限清澈中飘摇过来。

燕子飘摇过来。

说实话，每天早晨车一发动，心也跟着狂跳，轰轰隆隆朝铸造车间开过去，简直是迫不及待了。我试试问她家住哪里。我是

想知道上下班有没有可能一路,并不敢存更多歹念。一路倒是一路,她说家住共和新路。共和新路长了,从旱桥到宝山,她在哪一段?算了算了,今天就问到这里吧,人家脸都红了。

早晨有雾,我提前出门,沿共和新路一路铃声过去。雾一阵一阵,浓密时看不了几米远,可是我看到了燕子,她在路边一跐一跐地走着,像喜儿扎上了红头绳。我靠上去,打车铃,她一看认识,笑笑。我说带你走好吗,她摇摇头,有点不好意思。我跳下车,说那就陪你走,她仍旧笑笑。我问你每天上下班都步行啊,她点点头。不问了,她肯定不会骑车,乘46路又舍不得七分车钱。1974年啊,我的姐妹们的1974年,看这一路,很多女工在走,有的还抱着孩子,朝着彭浦工业区方向走走走,头发沾湿了,脸上也汗涔涔的,呵出的一团团热气溶进乳白的晨雾中。

离厂门口老远,燕子说你骑车先走吧,人家看见要说闲话的。你想我骑车进厂时的心情吧,半梦半醒如痴如醉啊。懂她这话的意思吗?不懂拉倒,咪哨啦哨。

接下来我天天提前出门。奇怪,以后再也没碰到过燕子,她好像从共和新路上失踪了。她站在家门口拍拍翅膀,一路擦着梧桐树梢飞到厂里去了。想问她的,又没机会,她已经可以独立操作了,我仰起脸来,看见她在行车驾驶舱里朝下张望。

二零六不用上去了,空着没事帮我看倒车。他是个热心人,可他是个结巴,喊起来倒倒倒倒倒,车尾咣地撞上门框,才把那停字撞出来。撞了一次,再倒车就不听他喊了,直接盯牢他,面

前世冤家 125

孔一难看,马上刹车。我说一看到你就热得吃不消,你怎么搞的?我是说他出汗,满头满脸不说,工作服前胸后背湿成一片,连裤裆都湿淋淋的。他说胖子苦啊,边说边找地方睡觉去了。他死就死在睡觉上,夏天,吃完午饭,他说热啊热啊,找条空麻袋铺在车间里降温的大冰块上,睡下去就没醒来过。因为一起进厂,因为他帮我看过倒车,所以我也去参加了追悼会。铸造车间工会主任常州口音,说要奋斗就会有牺牲,死人的事是经常发生的。我看到燕子也在,没哭,当然也没笑,一堆墨赤里黑的青工当中,喜儿扎着红头绳笔直地站着。

一次装电解铜进铸造车间,那东西很重,一片片叠在一起,要用两根钢丝绳兜起来吊进料库。二零六不在了,下面没人,我让三边学习班派来跟车的小子在车上挂钩,我进料库去脱钩。三边学习班,边改造边学习边劳动,相当于后来的工读学校,当时办在工厂里。料库就是个大料斗,像口深井,半个车间高,四面水泥墙,底部有传送带通向炉前,还有扇小门让人进出。我站在里面等,行车开了过来,就听见轻微的喀喇一声,我看都没看,撒腿就朝门边跑,整整一吊电解铜砸下来,追着我脚后跟直到小门外。这是跟车的小子没挂稳钢丝绳,跟燕子没什么关系。她在驾驶舱里,眼睛在料库里找啊找,大概在纳闷这人被砸到哪里去了。

一次卸水泥,起吊以后,搁在吊斗边上的一袋居然在我头顶上散开了,一袋水泥从头到脚倾泻下来,人变成了干粉裹排条。

这是水泥袋子不牢,跟燕子没什么关系。她看都没看见,提着吊斗开走了。

一次……

燕子燕子,四十多年过去,万一路上不小心碰到,我一定要告诉你,幸亏我俩今世无缘,不是你的问题,也不是我的问题,是前世里哪个冤家还魂在你身上,要借你杀我。

那段时间,一看到内驳单子我就心惊肉跳,只好骗方方去。那冤家,大概不会害我师弟吧?

哦,忘说了,最想不通的那些天里,我一早在厂门口等着,想看看仙女燕子到底是走过来的还是飞过来的。人家既不是走过来的,也不是飞过来的,而是坐在铸造车间一个小白脸的自行车后边艳若桃花地开放过来的。

卡车怎么可以撞人呢

方方说开快点,最好天黑以前到南京。我说不要搞,就剩四十几公里,急啥。和平没说话,车速却提上去了。

和平开车,方方坐中间,我在右边车长位置。我们送一台旧磨床去南京,然后再去皖南宁国拉水泥回上海。开的是辆万国牌四吨卡车,道奇的车架,GMC的前脸和翼板,解放的驾驶室和发动机。我们都是这辆车上学出来的,和平转正后这车就归他开,我暂时不固定,机动,方方还在实习期。

我最讨厌急着赶路,尤其讨厌黄昏赶路。感觉上认为还是白天,可是能见度已经下来了,开灯又没什么作用,事故就专在这种时候找到你头上。何况心情又不好,三个人都不好。下午在天王寺停下来吃东西,停的地方有点冒失,拐弯就停,离公路交叉口太近,一辆三轮卡右转弯开到我们车子屁股后头,一把方向借出来,被直行过来的一辆拖挂车撞翻了。我们从点心店跑出来，看见一个披军大衣的小个子在喊，上海车子的驾驶员死哪去了，还不快开走。在路上，经常会碰到这种爱管闲事的家伙，喜欢出头，喜欢摆平一切。我说你他妈谁啊，停在这里碍着你啦。方方说十三点死开。和平让他把大衣穿穿好。小个子气坏了，说好，你们不要走，都给我等着。他窜进公路边的一座平房里，没多久又窜出来，我一看，坏了，他穿好大衣，袖子上多了块公路纠察的红袖章。我比较识相，赶快掏出大前门递上去，他甩手打掉，让我们跟他进去，三个人，一个不许走。只好乖乖地跟进平房。小个子藐视我们，端起茶缸慢慢喝。我只好玩软的，说对不起哦，刚才有点不像话。不像话？简直太过分！是是，太过分。告诉你们上海人，这起撞车事故，你们有因果关系，是直接责任！麻烦了。和平的驾驶证被他扣下，小个子说不妨碍你们出差公干，回程必须接受处理，找我。有什么可说的，此时此地，他左臂那块红袖章就是王法。小个子还算讲理，放我们走路，说你们上海人，以后出来不要太嚣张。

前面的大四轮拖拉机带着拖斗发疯一样穷跑，屁股后扬起漫天尘土。我们跟了很长时间，吃灰不说，视线也被遮挡了。路宽不够，超不上去。和平又揿喇叭又闪灯，人家就不让，就在公路中间开。我说算了吧，离它远点。和平不甘心，仍旧紧紧跟着。路好像变得宽了点，是个上坡，和平抓住机会借道左侧强行超越。真的像电影镜头慢放似的，我刚看到左侧路边一块大石头，轰地就晕了，感觉车身旋转，车头俯冲，我双手用力撑着才没撞

卡车怎么可以撞人呢　129

出前窗玻璃。紧接着,速度慢了下来,车身右斜,水从门缝挤压进来,一条腿都湿了。等清醒过来,发现卡车四十五度倾斜着,左边两个人的分量压在我身上,我说和平推开你那边车门,快爬出去。

三个人站在岸上,看着半边歪在河里的卡车发呆。一时间觉得特别荒诞,刚刚还在公路上开,怎么转眼跌到下面来了?上下落差五六米,一个很陡的斜坡,是公路桥的桥堍,如果没撞上大石头,一定骑上水泥栏杆,从桥上翻滚下来,直接掉到河当中,这桥就不要叫二圣桥了,叫三圣桥算了。

河里爬上来一只老蛤蟆,几下跳到我们脚边,还转过身来学人模样,看着半边歪在河里的卡车,呱呱连声,意思是躲不过吧出事了吧。

天黑了下来。我们拦下一辆路过的货车,爬上后车厢,搭车去南京。进了城,连夜找到协作厂的业务员,约好明天碰头,然后在玄武湖附近找了一家招待所,心有余悸地将就了一夜。第二天一早,领着协作厂的吊车和卡车,来到句容城外的二圣桥。先把我们的万国牌拖拖拽拽弄上公路,再把掉进河里的磨床吊到他们的卡车上去。看上去磨床没什么损坏。车也没太大问题,一发动就有。方向机横拉杆被大石头撞过,卸下来,敲敲直再装上去,行了。

说实话,和平要试刹车,我是有点犹豫的,不然也不会跟着坐进驾驶室。发动,挂挡,松手闸,走。很好,阳光灿烂,公路平坦，像是什么都没发生过。提速，加挡，和平说走一个，一脚踩下去。我想说等一等的，因为看到前面右侧路边一男一女站着说话，这时车头一斜就对准人家冲上去，我喊快松刹车也来不及了，车头贴着男女擦过。我转身从后窗看出去，两人当中的一个，男的，躺在地上打滚。

就这么莫名其妙地进了句容县的拘留所。三个人关一个号子，算是照顾吧，没把我们跟强盗小偷阶级敌人关在一起。一下午，心灰意冷，和平说怎么会的，我说右方向轮泡了一夜你不想想，方方说我在车上就好了。五点多钟，正在吃塞进来的格子饭，一个自我介绍交通科王科长的来了，说吃得下去啊，没事一样啊，自以为上海出来的，大国沙文主义，了不起啊？讽刺完，脸一板，我敦促你们好好反省自己的问题。接着又吩咐，先去医院看看受害者，要带水果点心去，救死扶伤嘛。

拎着附近买的苹果香蕉蛋糕，三个人找到句容县中心医院。伤者躺在走廊上的担架车上，白天和他说话的女人站在一旁。男人半边脸让车厢挡板刮伤了，身上骨头没问题，等着拍片看看五脏六腑。男的是县广播站的外线电工，女的是供销社店员。我们作出很痛心的样子，解释解释，安慰安慰。这时，门外走进来一位比较富态的女同志，经过时看了一眼，惊叫起来，这不是小赵吗，这是怎么啦？声音非常好听，普通话非常标准。供销社女店员叫她大姐，告诉她是卡车撞的。谁撞的啊？她眼睛看过来。我只好唯唯。卡车怎么可以撞人呢？我只好诺诺。叫我怎么回答啊？卡车怎么可以撞人，那什么车可以撞人？卡车当然不可以撞人，又不是存心要撞人。都乱七八糟的什么呀。富态女同志走了，我问供销社女店员那是谁，说是县广播站的广播员，县委副书记的爱人。明白了。

回到拘留所号子里，整个夜晚耳边都有一个非常好听的声音在说非常标准的普通话，卡车怎么可以撞人呢。天蒙蒙亮，解放军端着上了刺刀的步枪进来，提出去两个五花大绑的人。我们糊里糊涂跟了出去，穿过县城长长的老街。两边挤满看热闹的当地人，前排是荷枪实弹面目严峻的战士。我还在想怎么跟电影里一样，跟枪毙恶霸地主一样，就到了城门外的河堤上，接着就是砰砰两枪，很响。怎么回来的想不起来了，就记得刚进号子，有人来提我们了。

王科长发下笔和纸，让我们自己写笔录，字迹要端正，态度也要端正。他带上门出去了。我大批判稿写多了，批判自己还不容易？昨天晚上就猜到天王寺的事情反映上来了，大国沙文主义是个关键问题，我把它改成比较合理的大上海思想，狠狠揭批了自己一通。方方写完，说师兄帮我看看。方方提琴拉得不错，字却奇丑无比，每次看到他的字我就有窒息感，知道什么叫蟹爬吗？一张笔录也能写成这样，我输给他，只好说可以可以。和平说我应该也可以了吧？可以是可以，不过最后一句，我果断地松开刹车，向左猛打方向盘，终于挽救了阶级兄弟的生命，能这样说吗？怎么不能，和平理直气壮，否则就撞死他了。

王科长回来了。先看我的,边看边点头,说挖得比较深刻,可以了。又看方方的,眉头皱了起来,他倒没嫌字好字坏,说你没转正,也没开车,照理责任不大,不过你在天王寺骂没骂过人家?方方耍赖,说没。王科长看他长相憨厚,放过他了。再看和平的,看到最后,笑了起来,说小师傅啊,你这个讲法好奇怪,人家在路边好好的,你撞了他,还说挽救了他的生命,请问你这个挽救从何而来?我不懂哦,你给我宣讲一下。

和平重写。我和方方陪他。就为了挽救不挽救的问题,我们在拘留所多关了一天。我不会忘记,1974年的最后一夜,师兄弟三人在江苏省句容县公安局的拘留所里,早上醒来,已经是1975年元旦了。我有点不清楚的是跟着出去看当地枪毙犯人,到底是在句容还是后来在金坛,哪个县城有一条老街直对着城门,拉出去就是宽宽的运河?

还有那只老蛤蟆,记得翻车落水的第二天,我们回到二圣桥下,老蛤蟆还在岸上守着,看我们把万国牌拖拖拽拽弄上公路,它急了,呱呱大叫,意思是福啊祸啊你们懂个屁啊。

和平,和我同届,一起进厂。我离开老厂以后,他也离开了,据说后来不大不小当了官,还是房地产。老厂的那些年里,师傅们都认为这个车祸是我在开车,因为和平举止斯文,我样子野蛮。方方好意提醒过,我没往心里去,自己兄弟,我怎么去申辩?直到大师兄小陶说起,说师傅也疑心是你开的车,私下里问和平，他笑笑，不说是，也不说不是。记得是在浴室里，两个人赤条条泡在大池里，小陶说，怎么做人是你自己的事情，我不好管，我只是叫你以后别把义气二字看得太重。我有点难过，还是没去澄清。老厂的那些年里，我没有一次听到和平当众说一声江苏句容二圣桥的翻车落水是他在开车。那么多年过去，也无所谓了，和平应该不在乎我说这个故事哦不事故吧。

方方，74届，八十年代就出国了。有一年春节电视晚会，大屏幕放出海外华人拜年，他在其中拱手遥祝，仍旧一副憨厚相貌。

现在我偶尔也会跨省开车，不快，也从不强行超越，尽量避免黄昏赶路。就是不当心开过天王寺和二圣桥，不当心听到镇江口音，听到非常好听非常标准的普通话，心理有一点点小障碍。

死人的事是经常发生的

老流氓每天早一趟晚一趟送信送报。他把背弓成90度,还踮着一只脚,令人痛心地在厂区走动。开始我真不明白,一个残疾人,他怎么流氓了?时间一长自然知道了,他姓刘,因为跟人打招呼总是张三忙啊李四忙啊,人家也回老刘忙啊,老刘就成了老流氓。他这份工作是自己讨来的,厂领导说你不要让我们尴尬,一分钱不少你,在家吃吃睡睡算了,他说叫我等死啊,领导只得把他请进收发室,给了他一张桌子一把椅子。

老刘从大池里艰难地爬了出来。下午,太阳从气窗照进浴室,斜照在他身上,那情景非常怪异,水汽迷蒙中,像一具干尸佝偻着给自己擦肥皂搓油腻。他怎么会弄成这种低三下四样子?师傅看看我,不说话,接着烫他的脚气,把毛巾从焦池里提起来,在脚趾头缝里上下抽动,嘴里嘶嘶抽气,说比吃肉还幸福。等老刘出去淋浴,师傅才给我讲故事。老刘是被砂箱压的,砂箱起吊运行,照道理下面不能有人,可真要照道理就不要干活了,一天到晚避让都来不及,所以老刘像往常一样对行车动静听而不闻,自顾自修浇口冒口,哪知道这天头顶四只钩子一只滑脱,砂箱一歪,斜掉下来,把他砸成了90度。浴室里师傅说话嗡嗡的。这故事不怎么样,也就是个事故。师傅说老刘技术刮刮叫,八级造型工。师傅说还算命大,砂箱砸下来,老刘身旁正好有个料斗垫着。我陪着蹲在焦池边上,憋出一身大汗,经受不了,翻身滚进大池,说要是我,情愿死。师傅说呸呸呸。

老厂生产分冷加工和热加工。冷加工以车、刨、铣、镗、磨等机床加工为主,包括钳工、钣金、装配、机修和油漆等工种。冷加工常有人身事故,部件滑落砸伤脚,铁屑飞出弹瞎眼,断指的,断肢的,头发卷进去拉掉头皮的,不过,死人的事倒是不经常发生,不那么轰动。回去休息一段时间再来,人家在食堂里还竖起半截手指头指指点点高谈阔论呢。热加工主要是锻造和铸造,钢花飞溅热火朝天,好看是好看,吓人也真吓人。平安无事大半年,一出事故就是大事故,吃不准的。比如砂箱合拢前,一个女造型工眼尖,看见掉下来一点砂粒,举起手来大拇指一跷叫停,照道理应该叫行车移开砂箱的盖箱,然后再怎么处理,她想省省吧,人就拱进去用皮老虎吹,也是钩子滑脱,盖箱拍了下来。等重新吊起盖箱,她脑袋都被压薄了,有这么大,师傅比了个手势,卡车轮胎似的。我师傅说话不太好相信,虚张声势,这怎么可能,脑袋压扁了最多脸盆大小。

我在研究车队楼下冷作间门口的几棵美人蕉。老厂以前号称花园工厂，绿化搞得不错。要我说就是占地面积大，有地方种树种灌木种花花草草，不过除了几棵大的雪松和当作行道树的香樟，也看不到有什么植物称得上名贵。工人有空也顺手种一点，车间门口，更衣室窗下，也就是爬山虎、仙人掌和美人蕉之类。我正在研究的几棵美人蕉是冷作间师傅种的，大概比较好养活吧，不要看它名字娇滴滴的，倒是死不了，夏天太阳底下晒得昏死过去，黄昏风一吹，又精神抖擞地站好了；冬天冷得索索发抖，七歪八倒的居然也能熬过来。有一首歌《花儿为什么这样红》，唱的不是美人蕉，不过它花开得就是这么红，这么大，这么多。

师妹找到我，要汏我脑子。我这师妹的问题是胆子大，什么事情懂不懂都敢说出来。她老是把评法反儒振振有辞地说成评儒反法，我又不好意思当场纠正她，只能在插话的时候不动声色地颠倒过来，评法反儒，可她非要再颠倒回去，非要评儒反法。就这水平，还青年学习小组，还积极分子，还来帮助我。我气坏了，咽了三口唾沫才忍住不骂下流话。她像抓住了什么把柄一样，说孔子罪恶地杀了那个姓少的。什么？我正想骂，楼上调度室喊电话，铸二车间工伤。王调度从窗口把救护车钥匙扔下来，我一把接住就朝车库跑。那段时间我做机动，做机动的要负责开救护车。平时总有师弟或是谁的徒弟跟过来，他们喜欢坐在副驾驶位置上手伸出去打铃,喜欢横冲直撞的感觉。我刚把车倒出来,师妹跳了上来,我说你干什么,她说没人,就我。

开到铸二车间门口,人还在里面。又是行车脱钩,甩出来打在造型大组长脸上。帮帮忙,不是什么秤钩子,行车吊钩五六十公斤是小的。大组长被打晕了,挣扎着坐起来,这时钩子荡了回来,在他后脑又敲了一下。正一记反一记,两记。我第一眼看见的是人趴在砂堆上,吊钩还在空中晃荡。

沿共和新路狂奔,反正救护车也没交通规则,有空子就钻。师妹一手抓牢把手,一手拼命甩动,这铃打的,心慌意乱,毫无节奏,叫吃力不讨好。到旱桥跟前,一辆黄鱼车斜穿马路,我一脚急刹,保险杠都碰上了。师妹吓坏了,铃也不打了,呆看。妈了个逼的死人啊你,手不要停。她被我一骂才醒过来,哐啷哐啷乱打铃。送到凤阳路二军大,人抬下去,我们任务完成,掉头回厂。回去不能打铃,见红灯就停。师妹脸色苍白,要哭的样子。我说吓死活该,是你自己要来的。她说不是,是手,师兄我太用力,现在手痛得抬不起来了。

快到厂里了,我说那个少正卯,要么姓少正,要么职务是少正,不姓少,也不一定是孔子诛杀的。师妹活过来了,说啊,叫少正卯啊?我一直不好意思说出来,以为叫少正卵。

那造型大组长,据铸二车间的人说,医生检查了一下,肩膀耸耸,两手摊摊,让护士用袋袋装起来了。

就这么个师妹，卯卵不分，戆女人一只，还老缠着我，说是受团支部指派，跟我一帮一，要结成一对红。有一天，她来邀请我参加青年学习小组的活动。我虽然没资格加入这种积极分子的行列，但他们说到的马列著作，我也找来翻翻的。但是，为什么要我参加活动？是想证明我在她的帮助下茁壮成长了？她一口一个师兄，又让我拉不下面子。师傅过来了，说你要去积极我不敢反对，但是不要强拉你师兄，人人都想朝上爬，哪个来做生活？师妹转身偷偷骂了句多管闲事多吃屁。

天不好，毛毛雨，又没出车，无聊了，犯困。快到午饭时间，铸一车间又有工伤。开过去一看，我慌了，这次不是一个，是四个。救护车上只有两副担架，还有两个怎么办？叫师傅。他把四吨交通开来了，还有两个就拖到车厢上。我在前头，师傅跟着，出了厂门，直奔市中心的二军大。这四个炉前工正在浇铸，不知是冒口堵塞还是砂箱里有积水，浇下去的铁水爆了开来，一秒钟，他们全倒下了，组长还挣扎着吹哨子，让行车把钢包里的几吨铁水找块空地倒掉。救护车可以打铃乱冲，后面卡车怎么办？倒车镜里，我看见铸一车间跟车的人找了面红旗，站在卡车上迎着风雨挥舞。一路上的民警老远就看出不是什么好事，挥手示意，赶快通过。冲进凤阳路，一刹停，我们都跳下来帮忙往里搬。担架上的直接抬进去，卡车上的两个，师傅和我一人背一个。都烧得没裤子了，剩几根布条，大腿像煮烂的鸡腿，皮都翻了过来，铁水把大头皮鞋和里面的脚咬成一团，荡在我腿弯边。

我还在想怎么才能把鞋脱下来,二军大的医生出来看了看,说这么严重的烫伤我们处理不了,伤员又那么多,你们赶快送瑞金医院吧。又搬上车,开去瑞金医院,到那里再搬下来,四个工人早就没知觉了。

湿淋淋地回到厂里,师妹在等我。他们的活动已经开始了,和机修车间的学习小组交流。师妹积极不算,还喜欢跟人家比,好像人人都是对手,挑衅似的去请人家来,真是戆到极点了。对方的骨干都是老三届高中生,复兴中学北郊中学师大二附中,比什么比?手摆在背后认真听课吧你。好不容易找个机会战战兢兢说几句,没说完就被人家否定了,错,不对,不能这么说,不应该从字面上理解。师妹可怜巴巴地看看我,看什么看?我帮不了你。我埋头装睡。也真让人迷糊,太遥远了,十八世纪,法兰西在腥风血雨中飘摇,而我在瞌睡,好像什么事情都没发生过一样。

对了,花开得这么红这么大这么多的美人蕉,一般都种它在车间门口,娇滴滴红艳艳的一片,好看。有个进厂不久的小学徒闲得发慌,看到有口盆栽缸子空着,就挖了一棵美人蕉种进去,搬到工段长房间去拍马屁。工段长面色难看啊,挥挥手叫他赶快搬出去,说这花是开给不在的人看的,是勾引冤鬼的,你当我死人啊?

老厂按安全生产规定一年可以死三个半人。别问我,我到现在也没搞清半个怎么死法。打电话问小李子,他和我一起进厂,当过厂办主任,他也不清楚,说大概是用不完的话,半个指标可以留给下一年,不够呢,又可以向下一年借半个。要么死三个,要么死四个,人命没有半条的。

最好玩的是在厂部或车间里做工会主任的,经常被死者家属拽头发抽耳光,拉拉扯扯的,衣服乱了,后背都露了出来。下午还在主持追悼会,一副很悲痛的样子,晚上就要去谁的婚礼上致词,称赞新郎新娘为了一个共同的革命目标走到一起来了。工会主任做长了,你看那面孔,半阴半阳,似笑似哭,真叫尴尬。

以前读到白桦的诗句,大意是因为别人在身边死去,我们每个活着的都成了幸存者。他写的是战争岁月,我不知道怎么搞的,就想到了老厂,想到了一些人和事,想到了自己。当然,战争和工业生产,死人的缘由和数量都没法比较,可是幸存者的心理是一样的。

老厂在,那些受伤的工人,那些死者的家属,多少有点安慰,有点寄托。老厂现在解散了,把地卖了,那些受伤的,那些死去的,算是怎么回事?不要跟我讲道理,我那个憨师妹都比你讲得好,她后来负责下岗分流,专门找人谈心汏脑子。

师傅早就退休了,退休以后每天坐在中山北路五号桥下的老房子门口晒太阳,前些年动迁,远远的不知道搬到哪里去了。

老刘,老流氓,大概不在了吧?

思想不要太复杂

下班前,老谢来车队找我。一帮男人正在更衣室抽着烟瞎吹,张胖说他当兵的时候,在福建的什么山上开车,盘山公路上翻下去,打了个滚掉到下边,接着起步朝前开,都不带下车看看。啊呸。师弟方方在窗口叫起来,看看看。从窗口看下去,老谢慢悠悠穿过停车场,朝车队小楼走来。都有点奇怪,说咂,她来这里做什么。

老谢在冷加工车间做磨床,老三届高中生,细细长长,走起来一步一晃,弱不禁风的样子。可能身体确实不好,都叫她病西施。假如她不那么一脸冰霜,应该算是好看的吧。她三年学徒下来,跟师傅好上了,好到什么程度不清楚,反正车间里人人知道。师娘后来也知道了,冲到厂里大闹,师傅没办法了。有一天,老谢又去纠缠,被师傅当众扇了一巴掌,好了,这下太平,从此两个人碰到就像不认识一样。

思想不要太复杂

老谢在楼下叫我。我下去了。她说要加班,早上晒出去的被子请我帮忙收一下。晒在阳台上,手伸过去大概可以够到吧,我答应了。回到更衣室,大家都奇怪地看着我。我说看啥看。师傅把我叫出去,就在楼梯口,问她找你干什么。叫我帮忙收被子啊。被子?你怎么跟她搞到一起的?没搞,就宿舍贴隔壁。她为什么不找别人要找你?这我怎么知道,要么她没人好找?师傅很恼火,说你还问我,你脑筋肯定短路了,听师傅一句,不要瞎七搭八,不要捡到篮里都是菜。

等等,谁瞎七搭八?第一,我确实不知道为什么,她还是第一次到车队来找我;第二,老谢和我都住单身宿舍,门挨门,阳台靠阳台,人家要加班,叫我帮忙收被子,这不是很正常吗?一说到被子,就想象她和我钻在里面,太黄色笑话了吧?不跟你们讲,你们这帮下流胚。

那段时间厂区闹蛇,很吓人的。热加工起吊一个机床床身,五六条蛇就从机床肚子里窜出来。冷加工车床师傅正在磨刀,一条蛇从砂轮机后边探出脑袋直直地盯牢看。师弟早上出车前围着卡车转一圈例行检查,看到车肚底下黑乎乎绕成一堆的什么东西,以为是谁扔下的一根电缆,俯下身去一抓就被咬伤了。害得我进浴室都心惊胆战,淋浴前先看看水龙头,不要上面垂下一个冰冰凉的蛇头来。

单身宿舍倒是没蛇,偶尔会有个把壁虎爬上来,就是那种巴掌大的小蜥蜴。我帮老谢去抓过,她在房间里哇哇乱叫,我敲开

思想不要太复杂　　147

门进去看，墙上一只壁虎而已，抓下来丢下楼去。老谢被师傅打了耳光以后，和家里也闹翻了，住进了厂里的单身宿舍，在彭浦新村。等我住进楼里，她已经是好几年的老单身了。妇女主任董大姐给她介绍对象，被她一句话弹回来，说这辈子除了师傅，谁也不嫁。这话怎么传了开来，人家当笑话，我倒肃然起敬了，觉得老谢有点像电影《宁死不屈》里的女英雄。我这人从小有个缺点，好坏不论，是非不分，只要是认死理的，不服帖的，坚硬到底的，一律无条件崇拜。你看人家老谢，永远一脸冰霜，见谁都不打招呼，三九严寒何所惧，一片丹心向阳开。当然，她见我也不打招呼，哪怕同时出门一起下楼。直到有一天，我回宿舍晚了，到锅炉房泡开水，发现老谢昏倒在水池下面，热水瓶摔在旁边，瓶胆炸裂，一地碎屑。我把她背到宿舍楼下的台阶上，给车队值班师傅打了电话，让他把救护车开过来，就近送去铁路医院。后来我就不管了，反正家住彭浦新村的冷加工车间的师傅也赶到了。以后再碰到，她不过点点头。

就这样，人家已经很奇怪了。师妹问，你和她老早就认得啊？谁说的，宿舍贴隔壁而已。都不信。方方还追问，晚上你怎么把被子还给她？她自己来拿。到你房间？当然，总不见得我给她送过去。方方阴险地笑了起来，我踢他一脚，叫他思想不要太复杂。

老厂，这种事情传得飞快，先是车队，接着就传到车间去了。我一光火，中午去车间找老谢。她看到我，点点头，好像天经地义。我说吃饭去吧,她说嗯,拿了装饭盆的袋袋一起走。我照顾她,也慢悠悠走。到食堂门口,她说洗手,我就用她的肥皂洗手。正是人多的时间,我们端着饭菜找好位置,面对面坐下来吃。我知道很多人在交头接耳,大惊小怪也好,添油加醋也好,不跟你们讲,你们这帮下流胚。

只要不出车,就找她一起去食堂,怎么啦?

只要上下班时间凑巧,就骑自行车带老谢回宿舍,怎么啦?

厂里到宿舍两站路,要过走马塘桥。老谢话少,说的无非是这几天没闯祸吧,人家入团你为什么不申请呢,你也算中学毕业啊,才读过几年书。所以我叫她老谢。叫名字不好,叫师傅不对,叫姐姐不好意思。

我是春节过完才知道她放假一直在宿舍,于是请她去我家过十五,她答应了。妈妈节前刚被干校放回来,对谁都热情万分,拉着她帮忙和面擀皮包饺子。她们在厨房叮当乱忙,我就听见妈妈问,你是小龙的师傅吧?不是。噢,都是车队的。也不是。你不开车啊?不开。那你开什么?开磨床。什么床?我躲在房间里,捧着本《哥达纲领批判》偷乐。

老谢说你妈妈真好。当然啦,她以为是未来媳妇上门。老谢想了想,说小龙,这是不可能的,你要清楚。我想了想,有点为难,顺着说反着说恐怕都会让她伤心。我就说两个人关系好为什么不可以,她不作声了。骑到走马塘桥,她才在我背后说倒也是的。月亮又圆又大,冷冰冰地照着自行车沙沙滑行下桥。

继续，只要不出车，就到车间找她一起去食堂。

只要上下班时间凑巧，就骑自行车带老谢回宿舍。

她话稍微多了点。有时候也会轻微地笑笑。第一次看见她笑，真的让我吃了一惊，在食堂，我给她讲开头那个收被子的故事，她开心地笑了起来。我知道很多人在交头接耳，大惊小怪也好，添油加醋也好，总算善意大过恶意。

老谢笑的样子真是好看啊。

厂区蛇患总算平息，蛇的老巢找到了。木模车间扩建开挖基础，挖出来大小一堆蛇，有说几十条，有说不，一百多。蛇祖宗也出来了，有说手臂粗细，有说不，小腿一样。蛇的家族看样子在池塘边上蜗居多年了，有说民国时期就在，有说不，古代。反正是出动了消防队，淋上煤油放火烧，就当消防演习了。

妇女主任董大姐终于介绍成功，老谢结婚了，从彭浦新村宿舍直接嫁了出去。对方是彭浦工业区另一家厂里跑供销的，看上去人不坏。我充数算她家里人，新郎新娘过来敬酒点烟，董大姐说小谢，你倒真要敬这个弟弟一杯的，新郎说我来我来。小舅子，嘿嘿，身价不低啊，那就不客气了，碰几杯把新郎灌翻了，自己也醉得东倒西歪。

廿三根

廿三根一年四季戴顶礼帽式样的草帽,汉奸特务狗腿子戴的那种。我手伸过去想摘下来戴戴,廿三根连忙挡住,说要戴两顶一道拿去戴。另一顶是说他以前的坏分子帽子,早就摘了,可他思想上还戴着,还念念不忘,趁机发泄不满。我不好骂他,他是师傅辈的,虽然戴过坏分子帽子,不让开车,好坏也算师叔,多少要留点敬意给他。

廿三根做装卸工,跟我的车去装氧气。三个人在车下,从车间里把灌满的氧气瓶滚出来,推上车,我一个人在车上,把氧气瓶立正排好。不是横躺在地上滚,是竖着略微倾斜,左手虎口卡着瓶颈,右手推动瓶身旋转。也算是门技术吧,以前装卸工等级考核有这个项目。廿三根是老师傅了,稳稳当当,一瓶一瓶,就是动作慢,五十瓶氧气,四十瓶是另外两个装卸工滚出来的,廿三根只滚了十瓶,钻进车间不出来了。又来了,让他去。等我们把后栏板翻上,把绳扣系好,他一边束裤带一边跑出来,说唉你们太快了,也不等等我。老是这样,重活累活的时候,他就不见了,不是拉肚子就是碰到老兄弟非要请他抽支烟,说起来还是我们不对,我们做得太快。所以我们什么都不说,再说他就要说自己肋排骨断过一根了。人有廿四根肋排骨,断一根,剩廿三根,廿三根这绰号就这么来的,被我叫出来的。

这时候老厂已经分厂了,北厂和南厂。原来就有两个医务室,两个大食堂,不用分了,各归各。冷加工南北各三个车间,也不用分。热加工的锻造归北厂,铸造归南厂,各有所长。制气车间只有一个,就是制氧灌气的专业车间,没办法分,共同使用,地方在北厂,南厂可以去拉。车队一分为二,好在车子都是成双成对进来的,连救护车、消防车都各有两辆,好像算到早晚要分家。

大概就这时候陈良宇从部队退伍,安置到了北厂。我不认识他,在老厂时,我没听说过这个人,他混在北厂将近七千人当中。

我在南厂。廿三根也在南厂。近五千人在南厂,为什么非要说说廿三根?可能当时廿三根比陈良宇重要,因为他老是跟我的车,老是去拉氧气,也老是要紧关头就看不见人了,不是拉肚子就是碰到老兄弟非要请他抽支烟。

这天又是,一车氧气瓶装得差不多了,廿三根还没从车间里出来。我说要么淹死在厕所啦,就跑进去找。厕所没人。车间里也看不到他。正想出去,听见旁边纤维板隔成的更衣室里有动静,好像是廿三根在大喘气。我倒是真担心这肋排骨断过一根的坏分子有什么麻烦,就从门边一道豁缝朝里张望。看了一秒钟。真的一秒钟。廿三根站着,头仰着,帆布工作裤褪在脚下,一个女工蹲在地上,一口咬住了他的大鸡巴。一秒钟看不到太多,就知道那女工是接取货单盖发货章的,长相老实,话不多。就看到廿三根屁股白得耀眼。就看到对过玻璃窗外有两张面孔一闪,是车上另外两个装卸工。

我走出车间,正在思考要不要关照另外两个回去别乱传,卡车屁股后头就出事了。一个装卸工心慌意乱地滚动氧气瓶,左手一滑,氧气瓶倒了下来,正好摔在路边的废旧齿轮上,瓶头被砸掉了,瓶身呼地窜了出去,像一发炮弹,不,像一枚响尾蛇导弹,嘶嘶叫着在地上划了个弧线,一头拱进二十米开外的平房里去了。那里是基建科办公室,有这么几秒钟吧,一个高大男人从里面逃了出来,他正在画图纸,氧气瓶拱翻了他的桌子。现在想想,要么他就是陈良宇啊?

还好,氧气瓶没炸。这一路上只要碰擦出一点火星,就等于引爆了一颗炸弹,当量和弹片杀伤力大概不会小于二战时期的航空炸弹。

廿三根从车间里出来了。我们都吓得发呆,谁还记得他那白得耀眼的屁股。现在说起来,那氧气瓶怎么没轰破更衣室拱进他屁眼里去。还好,廿三根飘飘欲仙之后太平无事。他出事是在我离开老厂以后，听徒弟小丁说的。夏天，从杨浦拉废钢回来，廿三根嫌热，站在车厢上吹风，有点像在敞篷车上检阅，已经开进厂门了，没看见一根电线横过厂区大道，他突然就朝后倒在废钢上，脑袋砸得不巧，敲得太实，大概当场就没命了。小丁说把廿三根搬下车的时候，看见他额角头上被电线勒出一道沟。

现在说起来，要谢谢廿三根的。谢谢他让我多年以后一听说美国总统的丑闻，就能想象当场的情形和人物的姿态，把高高在上的脑袋换成克林顿不就是了？哪怕他是蓝眼睛高鼻头，哪怕他是牛津和耶鲁出来的，哪怕他是美国总统，不跟廿三根一样喜欢灵魂出窍飘飘欲仙？

要谢谢廿三根的。谢谢他让我知道爱情不止一种，做爱未必上床，任尔千姿百态，无所谓好看难看。谢谢他让我知道男人那自以为是的小肉棍是个下贱玩意，成天惦记着找个洞探进去，相形之下，一个女人的勇气和情怀才深不可测博大无边。

玄而又玄，众妙之门。

吃饭店

陆大凤一把拖住走过的服务员中年男，说同志侬听我讲句好哦，中年男说有闲话讲好了侬拉牢我做啥。陆大凤问侬阿是看到阿拉穿了勿大清爽的工作服跑进来触气相是哦，勿要讲侬，阿拉自家看看也老触气。中年男一口否认，说勿可能的，大家劳动人民。陆大凤问侬阿是看到阿拉点了没几样菜勿大开心是哦，不要讲侬，阿拉自家也想吃多点吃好点。中年男又一口否认，说为人民服务一视同仁。

我们坐在国际饭店二楼，就是头上屋顶可以自动移开的那个西餐厅。我们八九个人，不是驾驶员就是车长，再加支部书记陆大凤，这天礼拜四，干部劳动，她跟车从彭浦到吴泾装焦炭。陆大凤高高大大，有点虎背熊腰的意思，脸又圆又胖，笑起来凶起来都很好玩。回来经过市区已经十一点多了，吃中饭辰光，因为陆大凤跟车，师傅说走，国际饭店吃大餐去。陕西路南京路右转弯，国际饭店对过，靠边停车，掸掸头上身上的灰尘和焦炭屑粒，前前后后过马路，上几步台阶，转门推进去，上楼，靠窗口落座。大玻璃窗看下去，南京路风景不错，四部装满焦炭的卡车，都是加长半拖挂，排队停在南京路上，样子老好。

我们坐得时间太长了。那个中年男经过我们桌子旁边几次，就是不过来招呼，头还别转过去装作没看见。吃中饭辰光，人是多点，也不是忙不过来，很明显就是要让我们知道不受欢迎。师傅有点光火了，牛一样鼻孔出气，我也捏着筷子把桌面当铜鼓敲。于是陆大凤出头校人家路子，对啊，这叫领导，关键辰光要为群众利益挺身而出。

为人民服务一视同仁，讲得好讲得好，陆大凤表扬中年男，是阿拉师傅们多心了，看侬不来招呼，以为看勿起阿拉。中年男还是一口否认，不敢不敢。陆大凤不愧支部书记，从头到底一本正经，一张一张摸出十块头来，说侬勿要看阿拉穿得勿哪能，点的菜便宜，袋袋里钞票还是有的。我看看师傅，大家学样，统统摸出十块头小心地放在桌面上。这就相当于现在谁把几千块钱摔在吃饭桌子上。陆大凤知道我们出车前刚领了当月工资，这女人，做得出。中年男没想到还有这手，连声对不起，立马点菜。其实，也不过是炒素、鱼香肉丝、酸辣汤、榨菜肉丝蛋汤，先上先吃，各吃各的。

那时没有禁止停车的马路。也没有禁止卡车通行的马路，隔壁黄河路新昌路那么小，抄近路照样轰隆轰隆开过去。那时没有我们不能进去的饭店,到吴泾装焦炭,中午一般停在陕西路卢湾体育馆门口,到对面的美心酒家吃饭,罗宋汤,一角五分,米饭两分,正好一角七分,报销标准。

想起来了,到这种有点名气的饭店吃饭,旁边总有不大开心的眼光看过来,是有点不受欢迎的。

有次在杭州楼外楼也碰到这种中年男服务员。坐了老半天,叫了好多遍,老兄就是不过来。我们还是很识相的,对外上海话不敢讲,讲普通话。怪吧,上海粮票布票到江苏通用,到浙江就是不收。还好钞票通用,才敢停在楼外楼吃中饭。

我们在杭州驻勤一个月,从钱塘江边砂石场往火车站拉黄沙。铸造车间翻砂用的黄沙,供应科采购员回来说当地找不到车,要派一辆十五吨翻斗车去,我跟师弟两个人就开过去了。每天四车,四个来回,早上出车,农村里狗才刚刚起来在田埂上乱跑,夜里收工,西湖边人也看不到几个。中午吃得好点,不过一荤一素一汤。

不会每次都有支部书记帮你出头,还是要靠自己解决。我一把拉住中年男,说啥道理啊,晚坐下来的菜都上了,还不给我们点菜。中年男说没啥道理,就是没空。我被他一句话噎住了,看着他摇啊摇的背影生气。我们师兄弟的工作服还是蛮清爽的,又穿着棕色翻毛大头皮鞋,样子不差的。师弟说算了算了,气伤不算工伤。我们的座位在店堂当中,一张八仙桌正对店门,我想想不甘心，一头钻进桌子底下，背起桌子就朝门外走。楼外楼老式双开门，正好走出去，走到马路当中，才把桌子放下来。等我钻出来，饭店里人也追出来了，中年男和一个女同志，说，做啥做啥？不做啥，这张桌子不派用场，放在当中碍手碍脚，我替你们搬开。女同志问中年男，中年男表示莫名其妙。师弟冲上去讲理，说说就吵起来了，师弟要揎他，我看白戏。马路上人围了过来，两边汽车都堵上了。女同志拉开两个打相打朋友，挤过来找我，先叫同志再叫师傅，自我介绍楼外楼负责人，说不要动气，请你们进来，上楼，落座，马上就可以吃饭，可以不可以？当然可以，不过要问问他同意不同意，我一指中年男。女同志说师傅你工人阶级，觉悟高，气量大，不要跟后进同志一般见识，我给你赔礼道歉打招呼，可以不可以？

后来饭就吃好了。吃得很满意。

后来再去，人家老客气，我还派了根香烟给中年男，大前门。

楼外楼八仙桌老重的。

那时候饭店没有菜谱，没什么张贴出来的菜牌和标价，家家饭店都差不多，品种、价钱、顾客面孔和座位都记在服务员脑子里。也不开什么菜单凭证给你，账台收了钱就叫进去，厨房间烧好端上来。人一多难免搞错，那时候因为先先后后送错吃错吵起来打起来的事情天天发生。所有饭店一律到账台前排队点菜，账台就在门口，人一多就排到门外去了，好不容易轮到，已经饿得很识相了，坐下来等吃还有什么话好讲？根本没有"顾客是皇帝"的神气活现。哪里像我现在的那几位做过纪录片《舌尖上的中国》的朋友，一坐进饭店就开始装模作样，捧起菜谱一边点一边在假想中品尝，水煮鱼，嘶，好辣，白灼河虾，啧啧，鲜，本帮三鲜砂锅，烫烫烫……菜还没看到，他先吃了一遍。

菜谱是八十年代才有的。先在账台后面张贴，标出价钱，后来才开始发一张脏兮兮油腻腻的油印菜单给你。哪年实行就座点菜的我忘记了，先采用的饭店当它是一种优待，贴告示声明，服务员又一遍遍叫顾客先坐下来，顾客还不习惯，坐是坐了下来，心里有点吃不准，怕服务员忘了漏了，又招手又敲台子地喊。

对不起，现在站在你面前的是上世纪七十年代，是1974年的迎春饭店，就在广中路水电路口，海军司令部对过。站在你面前的是一个叫阿香的服务员，阿香还是阿乡我记不得了，好像是顶替爸爸来做服务员的，脸上两块苏北红还没褪掉，前刘海已经修得很像样了。我们习惯性识相地坐着，神气活现的是她，哪一个是豆腐干炒肉丝？

阿香问，你这点饭够啦？

师弟唔唔。

阿香问，你就一只汤下饭？

师弟再唔唔。

阿香说乡下人也没这样做人家。

师弟说我不是乡下人。

吃饭店　159

我在旁边听得呆了。我也这点饭,也一只汤下饭,怎么不来问我?我也不是乡下人。阿香屁股撅法撅法走开了,我仔细看看师弟,他闷声不响划饭,头没抬起来过。唔,故事开始了。

广中路水电路口新村公房底楼的饭店,玻璃窗看出去看得见海军司令部大门口站岗的解放军。他肯定跟我们一样,热得汗水贴牢前胸后背。坐在玻璃窗前,不光为了风景好,也为了看得见停在路边的车子,一卡车汽水,要留心不要让哪个家伙走过去顺手拿掉一瓶。坐在这种小饭店里,我们还是蛮有腔调的,不要看一只菜下饭,旁边还立着一瓶喝了一半的汽水。吃完,抓着半瓶汽水,美国鬼子一样摇啊摇地出去,走到卡车边上,咚咚咚地朝喉咙里倒光汽水,然后就把空瓶子敲碎在车厢里。夏天,一车汽水七颠八颠,爆掉几瓶是很正常的,厂里收货的师傅看看碎玻璃,有数就可以了。

阿香喊着追了过来,她手上也有一只空汽水瓶,呃。师弟接过来,照样敲碎在车厢里。一瓶汽水开始的爱情,蛮好。

我从来没见过第二个像阿香这样兴高采烈的服务员。她笑嘻嘻地在店堂里穿来穿去,满的空的饭碗菜盆端出端进,不晓得吃力一样。顾客人人认识她,阿香阿香穷叫,她最多骂声喊魂啊就扑过去了。她有点胖,这不是问题,问题是手脚太重,一碗汤放下来总要溅到桌面上一点,不当心一巴掌拍到你背上,啪,老响,老痛。我们都赤了膊吃饭,那时饭店是可以赤膊的。阿香不是拍我,是拍我师弟。如果这还不能说明什么,后来拍上去的手会停留片刻，情况就是这么个情况。

我从来没管过师弟，也没说过什么，甚至都没问过。又不是大是大非的原则问题，又不是上纲上线的政治问题，生活问题算什么问题？老厂里生活问题从来不是问题，轧姘头都半公开，小青年谈恋爱跟侬搭啥界？关键是我也跟着沾点光的。阿香大概看我们可怜，每次去吃饭，她会飞只菜过来。飞菜懂不懂？就是我们没点过没付过钱的菜，她端一个过来请你。她怎么对付账台和厨房的我不清楚，反正有的吃很好了，鱼香肉丝、炒素、番茄炒蛋、肉丝豆腐羹，每次一只。我很惭愧地吃着，心想师弟要怎么样就让他去吧。

后来师弟跟阿香出去看过电影了，星火电影院，阿尔巴尼亚的《广阔的地平线》。师弟说的，阿香带了一包猪耳朵肉，两个人你一挂我一挂，吃吃看看笑笑。

后来师弟跟阿香经常约会的地方是老厂后门，有一条河，通向广中路，阿香走过来等他，两个人一道沿着河边慢慢走。

后来师弟请我出马，到他家去说服他妈妈。我倒不是为了阿香飞的菜去的，凡是看到人家亲亲热热的样子我都觉得很好，都应该支持和赞美。师弟家住市中心老公寓，他妈妈非常经典，把人家阿香说得像一摊垃圾。我就不骂人了，不说吧。

后来就不去迎春饭店了。师弟在就不去了。我跟师傅两个人去过，阿香一看到我们眼睛就红了。菜还是照飞过来，可是，有什么吃头？才知道一直以来有滋有味吃的不是菜。

搞暗杀不作兴

小巴辣子抱着他那支半自动,眼睛盯着横在我腿上的全自动,馋唾水含了一嘴巴。我说你怎么跟老一辈一样,搂着自己旧的,惦记人家新的。他顿时义愤填膺,好啊你诬蔑革命老干部。

小巴辣子是叶挺团尖子班的。我们基干民兵射击队在松江的叶挺团驻地集训,解放军派出尖子班来辅导。尖子们战术动作没说的,摸爬滚打像登陆台湾岛,实弹射击就不怎么样了,他们一年下来才打多少子弹?就算比一般当兵的多十倍好吧,不过五十发。我们呢?一集训,六个人一箱,一上午打光为止。这没办法,神枪手是用子弹堆出来的。

我是半当中加入射击队的。基干民兵拉练,打靶时警备区的大干部来了。我嫌五发太少,不过瘾,他说你有能耐打 40 环以上,我就批准你再打五十发。我趴下就打,扣了五下扳机,打了 40 环。人家不赖,马上叫人再给五十发,说我就坐在这里看你小子打。打就打。虽然越打越差，好坏枪枪不脱靶。大干部说嗨，藏龙卧虎啊。就这么把我招进射击队了。

每次集训一个练习，第一练习，卧姿有依托；第二练习，卧姿无依托；第三练习，单腿跪姿；第四练习，立姿；第五练习，夜间射击。一年下来，已经神得一塌糊涂了。

我们配56式自动步枪，仿苏制AK47的，7点62口径，子弹和56半自动、54手枪通用。跟AK47不一样的是装了刺刀，冲锋枪上刺刀，当时就觉得有点怪，中国人喜欢白刀子进红刀子出啊？

我对小巴辣子说，不要忌妒嘛，想想看，枪是谁造的？新枪出来我们先用，很正常。小巴辣子叹口气，说我担心复员了，在上海找个对象也是你们用旧的。我说，你这话什么意思？意思就是……没什么意思。没什么意思又是什么意思？没什么意思就是……没意思。嘿嘿，有意思。

小巴辣子姓什么叫什么都想不起来了，就记得他一口一个我们小巴辣子。他结的对子不是我，是陆小红，射击队里两个女同志中的一个。小巴辣子辅导女同志绝对有一套，让小红俯卧下去，从头到脚一点一点帮她摆姿势，恨不能躺下去手把手一起扣扳机。当然啦，这是可以理解的嘛，人家几年兵当下来，不要说没碰过女同志，看都很少看到。情况就是这么个情况，你有什么意见？

我们坐在靶场射击线的沙包上，回想起来，是一个奇异的情境啊，一个军人和一个民兵，握着各自的武器，咸一句淡一句地斗嘴——

毛主席说工人阶级领导一切。

毛主席说全国人民学习解放军。

学习解放军不等于学习你。

工人阶级领导一切不等于你领导一切。

——奇异而又美好。只是衣裳里面汗在不停地朝外滋。夏天，午后，一天当中最热的时候。靶场没什么树荫，我们在太阳底下等。因为尖子班打靶总是打不过射击队，大干部骂了几句什么尖子什么屌兵，然后就提出要比打连发。比就比，现在世界上，究竟谁怕谁？大干部说去找一个兵过来，我们坐在这里等。

大干部坐着北京吉普来了，跟着下来一个兵，警卫员似的，老老实实地挎着自动步枪。他一打，射击队的人脸色全变了。真有这么打连发的，三发三发打，哒哒哒，哒哒哒，打烂一张靶纸，换一张再打。只是听说过，从来没见过，居然有这种人，有这种手感。比什么比？反正是输，我出主意让陆小红打。小红无知无畏，上去瞄了瞄，一扣扳机，一匣子弹全出去了，除了第一发在靶子上，都打到天上去了。

小巴辣子开心得跳起来，一面跳一面噗噗放屁，气死我了。

回到营房，刚准备洗澡，一帮农民找上门来，说我们把人打死了。

我们慌里慌张冲到公社卫生院，看到房间里趴着一个人，好像还没死。我凑过去，听到他叽里咕噜说日本鬼子躲过了，国民党反动派躲过了，你们躲不过啊，命中注定要吃子弹啊。仔细看看，一粒弹头隔着衣服钻在他屁股上面，就是注射时护士爱下针的地方。奇怪奇怪。医生护士在准备刀子钳子纱布酒精，我揪住留了一点在外面的弹头，一拔就拔了出来，血溅我一手。

一定是陆小红打连发时，脱靶的子弹在空中划了个弧线，飞过靶山，怎么就那么巧，正好落在这倒霉的农民屁股上。我们想笑又不敢笑，只好装做很痛心的样子，跟人家解释，距离远，超过有效射程了，打不死人，情况就是这么个情况。倒霉的农民还在叽里咕噜，要枪毙明枪毙，搞暗杀不作兴的啊。

里面伤者刚坐起来，外面走廊上又出乱子了。是跟来的陆小红，不知是晕血还是中暑，昏倒在地。小巴辣子在小红身上忙得不得了，又掐人中，又抽耳光，又口对口人工呼吸。

想起陆小红擦枪无比卖力，油上得太多，趴下去打响第一枪，油烟就熏黑了半边脸。下次她还是，使劲擦，使劲上油。这是枪油，又不是猪油豆油，上那么厚。

靶场今天是刑场

都有了，立正。枪上肩，一二三。向左转，第一排先走，第二排跟上，目标，预定哨位，齐步走。一二一，一二一……基干民兵一个连，沿着内场划好的白色边线，每五米留下一个，向右横跨一步到位，直到把两个足球场那么大的靶场围起三面。剩下的一面是靶山下一排靶位，插着一块块号牌，从1号到51号。电喇叭又叫了，都到位了，立定。面向内场，向左转。以左边第一名为标兵，向左看齐，向前看。上刺刀，一二三，120把刺刀一起卡上枪管，声音大得把我们自己先吓一跳。

靶场今天是刑场，我们的任务是内场警戒。市中心人民广场上的公判大会刚刚结束，53名反革命什么什么犯统统死刑，立即执行。除了2名押赴郊县犯罪现场就地正法，其他51名都要押到这里来。拉线广播传来广场的实况，现在，将罪犯押赴刑场。警笛和车辆轰地纷纷启动，震得高音喇叭在树上乱抖。

电喇叭叫了，持枪，刺杀预备动作，一二三，120支上了刺刀的自动步枪对准场内。场内空空如也，只有风吹起一片尘土。这时，入口处开来了解放军，同样一个连，同样的哨位布置，在民兵警戒线里边又排列一圈，和我们面对面。好玩的是他们也摆出了刺杀预备动作，一二三。我有点吃不准了，什么意思，跟我们拼刺刀啊？肯定拼不过他们。大概现场指挥的民兵头头也发现不对了，电喇叭再叫，持枪，向后转，刺杀预备动作，一二三。总算军民一家，一致对外。不对，还是不对，刺刀对着我们后背，赶快向侧面横跨一步让开。

春天的下午，麻雀们兴高采烈地扑来扑去，柳树枝条干干净净地在风中乱甩。我们摆好功架端着枪等着，不知道要等到什么时候。从人民广场出来，走西藏路左转天目路，右转上旱桥，共和新路一直过来，一辆卡车押一个死刑犯，加上差不多数量的警车和军车，谁知道这车队要开多久？警备区大干部过来巡视一圈。民兵指挥部头头过来巡视一圈。穿着绿军装蓝裤子的公检法领导过来巡视一圈。他们一定很满意，因为他们沿着警戒线边看边点头，然后就通知收起刺刀原地坐下，待命。

我申请小便。小便也传染的，一圈民兵纷纷举手，好像个个都憋不住了。山东参谋说不可以，每班两个两个去。四周看看，靶场内没看到厕所，怎么办？山东参谋说不是刚刚教过你们，利用地形地物，出枪动作要快，标尺1，瞄哪里打哪里。下作胚。谁理他的两个两个去，大家背着枪就到不远处去浇树，放完，再来支烟，三三两两，说说笑笑，看个别女同志在原地急得直跺脚。不像话太不像话，一圈解放军还摆着刺杀预备动作呢，面前一帮全副武装的民兵，掏出老举三恣意挥洒，还没心没肺地吞云吐雾。

来了。先是开道的警车，侧三轮摩托，国产越野。接着是军车，机枪架在驾驶室顶上，车厢中持枪战士一排排站得笔直。后边是押着死刑犯的卡车，车厢装满民兵，一排排手持长矛。最后又是一辆架着机枪的军车。51辆押着死刑犯的卡车轰轰地直接开向靶位，死刑犯都挂着牌子，所有罪名前都加上反革命三字，反革命杀人犯，反革命流氓犯，反革命强奸幼女犯，反革命破坏上山下乡犯，反革命破坏革命样板戏犯……都被押在车厢前，脸露在驾驶室顶上，不是白里泛青，就是涨得发紫。从1号到51号，卡车屁股各自对准靶位上的号牌，距离二十米的样子，然后车上一阵忙乱，犯人从车头被提到车尾。

这过程花了20分钟左右。不过在电喇叭的指挥下，基本上每个步骤还是蛮整齐的。等车辆相继熄火，就只剩电喇叭在叫了。麻雀都吓得逃走了，没有什么声音干扰，指挥不用电喇叭都可以。我们应该背对着场内的，不知不觉地都转过身来，刺杀预备动作也没了，枪就随便提着。里圈的解放军看看没人顾得上警戒线，也转过身来朝里看。

一个老警察站到刑场当中，举起电喇叭喊，各就各位。卡车屁股这条线上，立刻站好了穿公检法制服的枪手，一对一对，51对。那老警察据说是公检法里的老法警，拉长了声音喊，行刑准备。51

名犯人被抬下车来，人被绑得像粽子，两个民兵一边一个拖着走，磕磕绊绊到号牌那里，用脚踩一下腿弯，就跪下了。我看过去犯人差不多都半死了，没有谁睁着眼的。事先大概教过，两个民兵各自腾出一只手，揪住死刑犯两只耳朵，把耷拉的脑袋提端正。

枪手走了上去。

我想想已经知道的情况。枪手是专门训练出来的，经过审查选定。枪手的五四手枪里只有一发子弹，两角六分。如果需要补一枪，由第二枪手执行。我这样想是因为发现走上去的枪手当中，有一个没穿制服，是民兵指挥部的头头，姓张。他怎么可以呢？

我们已经凑上几步，和解放军混在一起，成了刑场上的观众。

老法警嘶哑着高叫：提高警惕——51名枪手把手枪高举过头；保卫祖国——另一只手上去，子弹上膛；要准备——枪口对准后脑；打仗——嘣，嘣，嘣，一个个打过来。从1号到51号，打了近两分钟。

死刑犯一般都牙关紧咬，据说标准的枪法是弹头从后脑上部进去，打掉四颗门牙出来。可能脖上的刑绳勒得太紧，我看到有的犯人嘴巴半张着，打掉四颗门牙的效果就没了。

法医过去了。手搭脖子上的脉搏，不跳了，就用绒线针长短的刑针探进弹洞搅几下，还没死透，就招呼第二枪手补一枪。听枪声，补了三个吧。

只有一个，反革命强奸幼女犯，60多岁老头，被打了五枪。

靶场今天是刑场

一枪下去,头栽在地上,身体乱扭,再打一枪,腿还在抽动,枪手甩手就把剩下的三颗子弹都打到他头上。那枪手就是民兵指挥部姓张的头头。他可不可以当枪手另说,违反纪律多压了子弹够过分的。我听见周围民兵和解放军当中有人小声在骂,不是人,没人性。那指挥的老法警也惊呆了,走到边上才说了两个字,畜生。

枪手都上了公检法的大车。车轰鸣着,没动。一个枪手在车下撑着杨柳树干呕吐。有人下车来拉他,说叫你不要去看,打了就走,你偏要去看。

后来还有一些过程。不说也罢。

我也要吐了。

回到厂里,坐进食堂,还有些恍惚。派去共和新路上执勤的民兵也回来了。厂里招待每人一客蛋炒饭加大排,那大排……真恶心。我不吃,我先走。刑场回来的几个都站起来朝外走。山东参谋光火了,说什么屌兵,没屌用,见不得打死人,怎么去打仗?厂党委书记老范正好走进食堂,问了问,说正常的,都这样,都是人嘛,要说打仗,呵呵,打仗再说,现在不就是打靶嘛。老范是老兵,解放战争冲进上海的。他拍拍我,说回去吧,别多想,睡一觉就好了。

睡一觉。我梦到的比我看见的写下的可怕得多。也搞不懂,胆量不能算小,事先又有思想准备,怎么就被吓成这样?

这辈子,看来只能做打靶的射手,当不了杀人的枪手。

你自己走好

晚上，忽然接到师娘打来的电话，说师傅不知道去哪里了。师娘从来没过打电话给我，我有时打给师傅，难得她接过来说几句，还没说完就被师傅抢回去了，嫌她啰嗦。师娘说师傅吃过晚饭出去的，到现在没回家。我看看手机显示，九点多，不算太晚，可是对长辈来说就有点反常了。我问师傅带没带手机出去，问完心想这不废话，来电显示的就是师傅二字。师娘说刚才抓起老头子手机看看，揿了一下就打到你这里来了。哦，是我替师傅设定的，有事揿一，找我。可是现在，我不知道能做点什么了。猜猜师傅去哪里了？瞎猜有啥猜头。要么出门去找？外面那么大，找不过来。我只好说不急不急，还是废话，不急师娘也不会抓起电话瞎揿。我稳住师娘，说我马上出门，先来家里看看再说。

师傅搬家有大半年了，新房子不近，南北高架朝北过去，长江西路匝道下来，前面一个路口右转，呼玛小区就横在那里。他原来的家在中山北路五号桥下，那里有一堆本地房子，都是从前自家造的，有条件有机会就一再翻修，反正横七竖八一家一个样子。师傅家坐北朝南，方位不错，还有一小片空地圈起来当院子，天气好的时候师傅朝躺椅上一歪，晒晒太阳喝喝茶。院子里能看到内环线高架，上下车辆轰隆轰隆地早晚不停，清静是没有可能了，热闹一点也好，省得老头子厌气。这地块，说了好几年拆迁，开始是动员归动员，日子照旧过，陡然哪一天，大红的宣传横幅一拉，动迁期限和补偿条件贴在墙上，就有人天天上门来做工作了。那里都是这样，城市扩张是个大漩涡，越转越大，越转越快，水面上下的渣滓就被远远地甩到边缘去了。渣滓就是平头百姓吧，像师傅家这样的，本来就不在市中心，老早是环城以外，相当于郊区，后来市区一点点大出来了，终于有一天大拆大建要把你连根拔掉，一家一当装上卡车拖去哪里。会给钱的，补偿的那点钱大概能买原地新楼的一个卫生间。也可能给房子，房源都很偏，远到你这辈子都没听到过，更别说去过。呼玛小区，听听这名字，有没有感到大兴安岭的凛冽和肃杀？

　　我到楼下发动我那辆旧吉普，等水温表有了反应，一挡起步，二挡慢慢开出狭窄的弄堂。下午开始降温了，方向盘冰凉，手都抓不上去。出弄堂口朝南，陕西南路到肇嘉浜路左转，到重庆南路再左转，上南北高架朝北，到呼玛小区将近二十公里。我还是不清楚去做什么。去问问师娘情况，兴许能找出点线索？我

成警察了我。别说,去了陪师娘说说话,实在太晚了师傅还不到家,恐怕真的要报警。网上倒是时常看到老人走失家人求助,大多老年痴呆,个别家庭矛盾出走,也有出门乱走迷了路,找不回来了。我师傅都不可能,老驾驶员迷路是笑话,也没有痴呆症状,又从来不跟师娘吵闹,在家里酒喝多了只会嘿嘿嘿笑,由师娘骂他老不死的十三点,赶快把他弄到床上去摆平。就这么东想西想,开上南北高架,笔直朝前一条路了,思想却集中不起来。

呼玛小区,这地方老早是宝山县的农田,我们那时开卡车去宝钢,或者去石洞口码头上车客渡到崇明,会路过那里。当时共和新路到长江西路就没了,接着下去应该叫纪薀路,一二八纪念路到薀藻浜,路变成市郊的普通公路,两车宽,刚够交会,路面条件不好,被重载卡车压得坑坑洼洼。我记得起来是因为那年开始学卡车驾驶,中山路环线以外郊区教练半年,空车我开出去,重车师傅开回来。老厂习惯出车比较早,师傅在教练位置上补一觉。我开车他还是放心,郊区教练三天下来,他就一句评价,人聪明,没办法。我看他打着呼噜,睡得安稳,一路颠簸也照呼不误。共和新路宽广,过来速度不慢,接纪薀路应该减速,那天我可能开得快了,刚过长江西路,前方横插出来一部手扶拖拉机,我狠命刹车两三脚,保险杠已经碰上拖拉机的拖斗了,哐当。我跳下车到前头去看,开拖拉机的小伙笑嘻嘻地若无其事,我倒一时说不出话来,四下张望,才知道这里有个路口,横过来的叫呼玛路。回到车上,重新启动,我主动检讨,说刹车太猛,刚才熄火了。师傅说刹牢是主要的,你管它熄不熄火。他没责怪我开得太快,从头到底坐在教练位置上一动不动。这就是师傅,大将风度。然后,他才慢悠悠说,宝钢起来以后,宝山这里多出来不少路,长远不走就不晓得前头路况,富锦路、绥化路、漠河路、牡丹江路、盘古路,七七八八的路名都是黑龙江的地名,冰天雪地北大荒,好像上海前世里欠它的。我骂了一句操,当时我哥哥姐姐都在北大荒战天斗地。

大概是开过市中心开过延安高架立交才想起来的,感觉高架上车辆不像平时那么多,市区也安静得出奇,道路和建筑的灯光惨兮兮的亮得有些诡异,我才想起来这天是冬至。广大人民群众没那么迷信啦,可是说到一年里几个鬼节中的一个,还是会说一句早点回家吧别在外头晃。想起来已经过天目路立交过永兴路下匝道了,神差鬼使吧,我让吉普带挡滑行一段,走右侧车道,中山北路立交上去,左转内环线高架,前面不远就是沪太路下匝道。

我要去师傅家的老房子那里看看。

当然,没什么老房子了,一过沪太路,右边就是一道长而又长的围墙,好像里面有什么见不得人的勾当。里面其实就是高高低低一片废墟,我在内环高架上开车路过看到的,已经有一段时间了,就这么破砖烂瓦的朝天裸露着,没看到有施工的动静,好像大上海实在看不下去这片破烂房子实在忍无可忍了,好像砸了拆了的目的就是为了把废墟圈起来日晒夜露。我把车贴着围墙停好，四周看看，没什么鬼影，行人也没几个，都地下工作者似的急匆匆穿过马路消失在黑暗中。大铁门在沪太路口那边，刚才经过我注意看了，关得严严实实，就算里面有人值班，肯定也不会放我进去。不会有人值班的，要他看守点啥？看守遍地破砖烂瓦不要被人偷走？我踩着前轮站上引擎盖，抬腿跨到车顶，手就够到围墙上头了。爬墙头是我长项，童子功多少还在，双手用力一撑就骑了上去。里面黑乎乎的看不分明，等眼睛适应了，借着高架道路和周围建筑的灯光，隐隐约约看出了废墟的大概样子，真大，人民广场那么大，大得可以集合全城的孤魂野鬼。

我这个样子肯定很古怪，假如被哪个行人或是监控镜头盯住，一个老男人惊悚地骑在围墙上，人不人鬼不鬼的，幸好他会从口袋里摸出一盒烟，抽一支点上。我是吃不准要不要跳下去，底下七高八低的看不清，一脚踏空不摔个半死。烟抽到半截，听到动静了，循着声响看过去，有个影子在那里摇晃，我眼力可以，不会看错。

就一个，没一群，有分量的，不虚幻，就一个老不死，十三点，喝过一点酒。

师傅在废墟上直角四方地踩出一圈，说这是房间，晚上睡觉才进来。接着又是一圈，里外一样大，吃饭间。他不看我，看脚下，说这里灶头间，我和阳阳两个人搭的，一天工夫。阳阳是他的独养儿子，小我好几岁，以前每次来家都见到，就这么一个，宠惯了，没什么规矩。师傅抬起头来，好像我应该在这里好像陪着他过来的，说这里是卫生间，有淋浴，你们师兄弟几个忙了好几天。破砖烂瓦踩得稀里哗啦，他带着我走，朝南，说这就是院子了，本来还想有空种点花花草草。不至于吧，师徒两个黑灯瞎火地在废墟上量地皮，怀念那个简陋破旧一去不返的老房子。我递支烟给他，他接了过去，我掏出一次性打火机点着，火光透过烟雾，照亮了那张我曾经再熟悉不过的面孔，火光近的缘故，脸上的纹路更黑更深了，老癍也更扎眼，师傅这两年老得快老得厉害。

师傅说不早了，该做的事情总要做了，不然放心不下。他从口袋里掏出一叠纸，黄表纸，说烧给阳阳，回来找不到家，他会心慌。师傅蹲下来，捻开黄表纸，我用打火机替他点燃，听见他叽里咕噜，阳阳，搬家了，忘记告诉你，搬得老远，你找不到。

阳阳是1983年"严打"抓进去的，他跟在几个吃得开的家伙屁股后头混，爹娘怎么骂都不听，结果被弄到流氓团伙案子里去了。我那时已经离开老厂，没头没脑的听说过，阳阳那点事情要放到今天，判可能会判，不是首犯，两三年碰顶了，当时"刮台风"，抓进去不久，一批批的排着队押上火车车皮，送去大西北劳改，据说在那里得了急病，死了。公家还算负责，大老远的用个木盒把骨灰送回来。师傅后来不提儿子，我们师兄弟都认得阳阳，也不问，没什么好问的。

师傅还在嘱咐阳阳，说我和你娘没几年好过了，没力气再牵记你，你自己走好，这里不要再来了，你去吧。冷风吹过废墟，黄表纸火旺，一片片黑灰纷纷浮起，影子旋转着掠过四周，真像阳阳感应到了，真像有一群孤魂野鬼凑拢过来，看看不是烧给自己的，又四散而去。

我走到一边，给师娘打了电话，没说在哪里，就说没事了，我马上送师傅回家。

就这么回事

两年前的事情了。大寒过后,师弟小宝来看我,也算是提前拜年。他进门抽抽鼻子,皱皱眉头,牧羊犬似的。我知道,门窗成天关得严实,房间里气味有点陈旧,当然不如他身后跟进来的空气,又冰凉又新鲜。不过还是不敢开窗透气,冷风进来,潮气也进来了,浑身关节酸疼。坐吧,坐下来几分钟,习惯就成了自然,狗鼻子也闻不出什么气味了。

现在不是过去,师兄弟之间其实没什么礼数,何况我离开老厂好多年了。师傅还在的时候,师兄弟几个会到他家去碰头,一年一次,正月初五,师傅走了以后,没了由头,也没了兴致。我退休以后,基本上躲在家里,见不得人一样,就这个师弟小宝,跟我特别要好,每年来看我一次,时间提前了,说师兄混上层建筑的,节日里应酬多,节前来拜个早年。应酬个鬼哦,我跟他说,怕烦,怕闹,不想跟人讲话,也不想听人讲话。小宝说你要

当心,闷在家里就熟得快了。什么话。

小宝每次来,手里提两样东西,老酒和肉丸子。酒是沈永和黄酒,八年陈,坛装零拷的,一个小加仑桶式样的塑料壶,装满五斤。花雕太甜,香雪淡了,就喝善酿。肉丸子,不是狮子头,没那么威武,比鸽蛋大一点,自家做的,面粉少,手工抓捏成形,抓捏的工夫多一点,水煮油汆都不会散。小宝家里拿来的是油汆过的,红烧可以,放汤也可以,我们省得麻烦,就和油豆腐、线粉和白菜一道炖汤。

我妻子习惯,有外人不上桌,替我们端上饭菜,她躲到里头房间上网打牌去了。小宝问黄酒要不要烫一下,我说不用,冬天喝黄酒,凉凉的下去发热驱寒,夏天才要温一温,喝了消暑败火。这是我小时候从陈登科的小说《风雷》中看来的,懵懵懂懂就记住了,还记了一辈子。好玩吧,一样看一本书,人家说的好我都想不起来,记得的就是那点稀奇古怪,看的不是同一本书似的。

头一杯,意思意思碰一下。小宝懂规矩,杯口比我低一寸,以下敬上,师弟敬师兄。接下来就自顾自喝,慢慢来,不着急,一口一口咽下去,肚子里果然觉得渐渐温暖起来,人也不苟头缩颈地怕冷了。一砂锅汤是滚烫的,先夹一个肉丸子尝尝,毕竟一年才吃到一次。小宝说家里一年也只弄一次,平常没得心想。两个人也皇帝青菜地东拉西扯。以前在师傅家碰头,八十年代,都在岗,师兄弟会给退休的师傅、给离厂的我讲讲老厂的人事,哪个出工伤了,哪个长病假了,哪个和哪个夫妻过不下去了,哪个出去开公司了,哪个跳槽到民营企业去做了,哪个多久没得看见说是人忽然没了……后来就不讲了,老厂没了,地皮卖了,人作鸟兽散了,厂房和设备卖掉拆掉敲掉炸掉,推土机开过来推推平,商品房就先朝下后朝上地一幢幢造起来了,还讲什么讲。我忽然惦记起车队里一辆辆认得的卡车,就问到哪里去了,他们说旧卡车不值钱,三钿不值两钿卖了,其实是卖个牌照价钱。讲什么讲。喝酒,吃菜,杯子端起来,现在就师兄弟两个碰头,更没什么好讲的,老厂故事远得像古代评书,要么弄把胡琴拿腔拿调唱起来啊?

有一次,酒喝得顺遂,小宝没头没脑说起进厂后分到运输队第一天,跟我们出车,中午小饭店吃饭,他不知道怎么做,我让他自己点自己的,照一角七分报销标准,他急得要哭,说没带钱出来,我就代他买了。哪个会记得这种鸡毛蒜皮,我说你也是的,一件件大事记不得,倒记得三两米饭一碗番茄肉丝蛋汤。两个人都有点难为情,各自喝一大口。还有一次,小宝看我咳嗽,问怎么了,我说咽喉炎大概,慢性的,他又想起来了,说老早师兄会去老厂的医务室咳嗽几声,配一瓶川贝止咳糖浆,早上出车前批在淡馒头里当果酱面包。有这种事情?有的,你发明的,还教给我,后来运输队里蔚然成风了,反正医务室配药只记账不收钱。现在讲出来哪个相信啊,两个人尴尬地摇摇头,各自喝一大口。

我问起家里老的小的怎么样。儿子进地铁工作了，站务员，自食其力，基本上不靠我们。老婆呢？她啊，还不是一天忙三顿，就是话多，老早没得这么多废话，像是欠她的，从早上眼睛睁开能说到夜里眼睛合拢。老的还好吧？他不吭气，举筷子捞线粉。我等着。从他进门开始，我就觉得他有什么事情要说出来。老半天，他才说，老娘走了。我酒杯放下来了，说你这个人，怎么才讲？小宝说不想惊动你，也没惊动旁人，就老头子和我送的。两个人？就两个。

我不知道说什么好了，被肉丸子噎住一样。眼前虚虚实实是以前见过的小宝他老娘。哪里老了，就是模样小下来了，打个比方，不是巩俐和史可，是盖克和张瑜，不当心看不见，看见了会觉得端端正正很耐看。我大概知道，他老娘老早是棉纺厂挡车工，老头子跟她一个厂，做保全工。九十年代头上，可以提早办退休了，内退，老娘刚到五十，下岗回家第一批。开头说得蛮好，双职工要保证一个在岗，实际上两年不到，老头也被买断下岗了，离六十还差三年。不稀奇，棉纺新村人家双双下岗混日子的多了。老两口子这辈子过得也不怎么稀奇，棉纺厂工人大多这么过来，五六七八十年代，厂里外头喊什么口号不去管它，一个大三班，一个就上常日班，一天天过吧。当家作主是讲讲的，工人就是工人，什么时候在厂里在外头当过家作过主？看得出来，小宝他老娘这辈子被老头子哄着，下岗回家以后更加了，表面上是嫌她做什么都不像样，家务收作也好，上灶烧菜也好，老头子叽里咕噜地接过来做，其实是不情愿看她忙，让她歇歇，她笑笑，就坐下歇歇。我去他家的时候，小宝还没成家，我看见的，老娘眼光就绕着他转，看得眉开眼笑，大概在她眼里儿子是个活宝贝，是个大惊喜，年年惊喜，天天惊喜，越看越惊喜。小宝被老娘看得烦起来，拖我出门抽烟去了。

  这么一个小模小样的老娘现在走了。这酒不能不喝，端起来，闷一口。我问落葬在哪里，小宝说没买墓地，太贵了，就买个骨灰盒子，老头子带回家去了。我说总要用掉一笔钱吧，现在的说法是人死不起。小宝说没用什么钱，就火葬场一点收费，三四百块。不可能，我去年送走大哥，算马马虎虎了，帽子鞋子，里外衣物，殡仪馆租个小厅，写横幅对联，做照片镜框，还有花篮花圈，哪样不要钱？光送到太平间，送上殡仪馆车子，买路钱就是一百块一百块地掏出去。小宝笑得勉强，说都没弄。没弄？什么意思？小宝你倒是多讲两句，我一点都听不懂。小宝说就柜子里她的衣裳，拣新一点的，老头子早给她换好了，头前脚后，放到老头子的小三轮车上，他在前头踩，我在后头推，一路送去火葬场。我在电视台做，不差镜头感，这个画面恍恍惚惚的我想不出来。在家里走的？在家里。什么时候的事情？大前天。你他妈的怎么不跟我说一声？小宝说根本就没办什么告别仪式，就老头子和我送送，惊动你做什么。又来了，兄弟一场，你老娘走了也该让我送送吧？小宝说师兄你不要再逼我了，我已经后悔过来告诉你了，前后事情我又说不清楚，说它干什么呢。前后事情？什么事情？我不是好奇，死人的事情有什么好奇的，我是看小宝憋得难过，过来就是为了跟师兄说说，又吞吞吐吐地像茶壶里的馄饨倒不出来，不急死人嘛。什么大不了的事情，说。小宝想想，说大前天是老娘上路，对吧？当然，你才告诉我的。嗯呐，我告诉你的，我没办法告诉你她哪天走的，怎么走的，实际情况我统统不晓得。

算了，再复述我和师弟带点酒气的对话，我都烦了。大概意思是小宝有个把月没回去看看了，大前天回去，发现老娘走了，死了。一直病恹恹的，不过没什么重病，是大限到了吧，老死的。小宝中午去的，给老头子带了一盒叉烧几块熏鱼，进门看见老头子已经在饭桌上咪起来了，洋河大曲。他问老娘呢，老头子说你老娘走了。走了？去哪里了？还能去哪里，走了就是走了，不在了。不在了？在哪里？老头子说你脑袋被门板夹过的啊，老大不小的，听不懂人话。小宝不跟他讲了，进去到里头房间找，太阳从后墙的气窗照进来，他看见老娘躺在床上，一条新被子平平地盖着，头戴一顶她给自己织的绒线帽子，眼睛闭着，嘴巴也闭着，有点歪，脸色已经墨黑，本来就小的面孔缩得更小了，不像了。他站在床边，一时不知道应该怎么办，也没有扑将上去放声大哭的意思。小宝从里头走出来，和老头子对过对坐下，不看，就问，什么时候的事情？老头子说去年年底吧，一年到头，人也到头了。小宝心想算都不要算，有两个礼拜了。老头子唠叨了几句，说过了元旦派出所来了，邻居去叫的，来看了看，第二天又上门服务办了死亡证明。居委会也来过了,说要去社保办事处,几个月的养老金,加丧葬补助,加一次性救济,七七八八,统共万把块吧。然后呢,小宝问。老头子说没得什么然后,邻居啊远亲啊都以为送走了,你晓得我不跟他们打交道的,平时也不来往,就我跟你老娘两个在这里,还不是这么回事。小宝咕了一句,这么回事,怎么回事。老头子喝干杯中酒,小玻璃杯举在嘴边空了半天才放下来,说就这么回事,你回来就好,我也不要东想西想了,你我两个送你老娘上路吧。

小宝进去用那床新被子把老娘裹好,横抱着出门,人硬得直挺挺的,重倒是不重,老头子说走之前已经好多天不吃不喝了。大冷天,路面冻得亮光光的,一辆小三轮车,父子两个,一个在前头用力踩,一个跟在后面推一把,也不消推的,就是护着吧,车斗里棉被裹成个人形,是老娘。这画面,不能想。

最后一点酒了。总是这样,开头喝下去凉,后来热起来了,喝着喝着,不知不觉,又凉下去了,冻得人抖豁起来。小宝还有话,让他说,说不出来才叫冤枉。小宝说钱不是问题,老头子自己有养老金,这万把块存银行,过下去不成问题,两个人变一个人过,开销也省下来了。问题是,小宝眼睛充血了,盯住我问,师兄你说这两个礼拜,老娘就躺在里头床上,老头子坐在外头想,一天天的,他想什么?想什么,你要问他了。问他,都是废话,老头子说不晓得怎么办,没碰到过,就坐在家里想啊想,就想到其它地方去了,一早开始想这个事情,中晌已经不晓得想到哪里去了，就这里，老头子用手指笃笃太阳穴，散了。

我妻子从里头房间出来，说你们兄弟俩不要再叽叽咕咕，我都困了，小宝你回去吧，不早了，回去不要多想，人送走了，想有什么用啊。小宝听话，说嫂子那我就家去了，师兄你也早点休息。他站起来朝外走，还蛮稳的，喝得不算多。妻子关上门，说也不比他老头子有出息，死老头子，守着老太婆两个礼拜，想什么呢，怎么不跟着一道去死。咬牙切齿的。

两年前，2015年，我六十一，小宝五十七，他老头子整八十，老娘应该是七十五。

以后我可能会明白过来，那两个礼拜小宝他老头子到底在想什么。当时，等楼道里下去的脚步声听不到了，我到窗口去候着，看小宝走出小区，走得还算正常，没走出醉醺醺的弧线。他回家大概能睡踏实了，我知道，他不会再来了。

对不起这世道

我们在湖边等老三。老大是东道主,老早就把摩托艇开过来靠到岸边系好,走上来等我们。我们三个约好一道来的,老二老四老五,乘专线巴士到巴城,再讨价还价叫辆当地的桑塔纳出租车,不用导航就直接开到这里了。老三说他自己开车过来,要老大短信发给他详细地址。路线也告诉他了,老大说,找不到就是呆子了。老四说也就比呆子好一点。老五问要不要打个电话问问到哪里了,我说不要,心急慌忙的开车容易闯祸。我们就在湖边等,四个人,抽抽烟,看看风景。

这地方不是什么码头,就是湖边的野生水岸,一条踩踏出来的小道弯弯地伸下去,近水处有几级木板搭的踏步,是老大为了接人专门花功夫做的。水边有一片高过人头的芦苇,风吹过来芦花纷扬,很有点荒凉的意思。岸上大小树木乱长,看不出有什么人为的整理。不远处树冠上露出一片房顶,很破旧了,像是当地人逃走留下的废弃房屋。想想这里离巴城不算太远，一路过来两边都是新造起来的建筑，商城、商务楼宇、快捷酒店、门前竖着万国旗的厂房和办公楼，我们站着的这地方荒凉得有点离奇，荒凉得老五结巴起来，说也太太太那个从前了。

老大吐掉香烟屁股，说不等了，我先带你们走，我们上船去喝茶，老三到了我再开出来接他，于是，一个接着一个，脚高脚低沿小道走下去，跨进小艇坐好，老大发动引擎，摩托艇歪过来划了不大一个弯，朝阳澄湖上开去。说是小艇，可以坐十个人，圆台面一桌，老大就用它接送客人。小艇屁股后头挂着个雅马哈引擎，动力不小，呼呼地朝前直推，前头切出两侧翅膀似的浪花，真有高速快艇的意思。

老大在阳澄湖做水上酒家有几年了。他是老厂剩余工龄一次性买断下岗的，拿了一笔钱，就到这个地方来了。他老婆是昆山人，和当地有点什么关系，让老大买了条报废的铁壳船，里外改造一番，拖到阳澄湖当中抛锚，前后打几根木桩定位，水上酒家就开张了。一年里就做秋季，冬天太冷，夏天太热，春天湖鲜养殖才投放，只能玩秋天这三个月。老大和嫂子大多数时间还是待在上海的老房子里，八月末过来，清理维修，采购备货，招待认识的朋友，朋友的朋友。不吃力的，老大说，做三个月放假九个月，怎么会吃力？师傅不在了，老大身体不错，我们多少放心一点。

老远看到老大的水上酒家了。船背后有几棵柳树，好像不是孤零零的泊在湖上，而是靠着一个湖心岛什么的。上船，见过嫂子，她在厨房忙碌，不时探出头来招呼，无非这个胖了好，那个瘦了好，人人气色好，个个精神好。为了师兄弟这场聚餐，老大和她忙了三天，嫂子说，其他预约的客人改时间吧，自家人来了。老大带我们舱里舱外参观一圈。原来船的北边确实有一个人造岛礁，老大说倒了多少船大石头和泥土下去，再种上树，两年下来就像自古以来天然形成的小岛礁了，船有个依靠，养着鱼虾螃蟹的网箱放下去深浅也好托底。柳树近水长得蓬勃，树荫已经遮蔽大半个船身了，我想老大每年来这里吃住三个月，他再多读点书，就可以在乡间野夫、水上隐士的境界里逍遥了。

　　船舱主体是餐厅，可以摆四张圆台面，厨房也不小，近十个平方，灶台、料理台、水槽和上下橱柜一样不缺。破铁壳子里能弄出这些名堂，了不起。船后部装修出三个房间，一个自用卧室，两个双人客房。空间不够，卫浴只有一个，排放在船后的一个浮筒里，差不多了老大就拖到湖边用泵浦打到岸上的化粪池去。两个浮筒，都是报废的槽车上拆下来改造的，另一个用来收集厨房泔水。阳澄湖这里环保是大事，三天两头巡逻艇过来检查，老大说，管得紧也好，一开头好多人水上做湖菜船菜，现在没几家了。

　　我们坐下来喝茶，一张圆台面坐五个人，空得很，太空了，何况现在只有四个人，缺了一个老三。我们就说说他，一般都这样，哪个不在就说哪个，谁叫他迟到。老四说老三混得好，开始被人家聘过去驾轻就熟管行政，后来巴结上了老板，做副总裁，接下来当然是挤走总裁自己做老大了。哦，他还有这一套，我没想到。老四说国有企业机关出来的，人搞人这一套还不会嘛。嗯，我替老三刷糨糊，说也是本事，国企出身，寄人篱下，混出头来，谈何容易，再说师兄弟当中有个总裁，大家面子上有光。老五哼哼，什么意思？我看看老大，他不表态，笑眯眯的，好像都知道，只是不想说，就陪我们坐着，抽抽烟喝喝茶。老大脾气好。

嫂子从厨房出来，说你们兄弟几个先喝起来吧，老大说再等等，应该快到了，难得聚到阳澄湖上来，等到齐吧。嫂子说好，老三来了再蒸螃蟹。螃蟹是半个月前指定蟹庄老板送过来的，养在船边网箱里，喂得精，养得壮，大小一样，四两以上，嫂子说捞上来一个个像全副武装的特种兵。这时老大手机响了，他抓起来喂喂喊了两声，说就等你了，站在那里不要动，我马上就到。挂了电话，他吩咐嫂子上冷菜，兴冲冲地朝外走，立马听到摩托艇突突突地开出去了。

老五接着老四的话题说老三，他那时也是厂部领导，厂办主任嘛，这么大的一家工厂，多少年下来，说破产就破产，他拎起裤子就跑，屁股不揩清爽，好意思。哎哎，讲话要公平我说，那么多国企灰飞烟灭了，比老厂名气大的数不过来，要算账，找哪个？老五说当时加拿大的机械制造企业看中老厂，来谈合资经营，谈了半年，最后谈崩了。我问为什么，老五说对方要占股份百分之五十五,管理人员重聘,由他们最后拍板,老厂当官的统统不同意了。我还是问为什么,老五说你要问老三,他就不同意,他自己说的,什么民族工业什么国家利益,口气大得吓死人。不用问了,想也想得出来。一时无话,我只好临时借几句,说一家工厂,跟一个人似的,先天不足,后天失调,命里该死,不得不死。老五唔唔,老四接过来说,老早不懂,就晓得做,后来才看懂,做得再好没得用,要说得好,吹得好,懂了,就看死它了……小茶杯一口一杯,话也有的没的瞎扯。主要是老四老五跟我说说,我离开老厂好多年,什么都不清楚,道理和情怀倒是不缺。

很快,老大把老三接来船上。老三和我们到底不一样,两只手不空,几个鼓鼓囊囊的塑料马夹袋。我知道他为什么迟到了,高速公路提前下来弯到昆山城里买礼品去了,马夹袋上印着商店的名头呢。礼品是给老大和嫂子的,一个电动剃须刀,一大盒化妆品,几样高级水果,老三会做人,说是我们师弟四个送的。留下来摆上桌的是两瓶五粮液,乖乖。我问老三车子停哪里了,他说就上船的地方,老大说锁好了,不碍事,那地方没人来,顶多晚上再去看看。老四老五倒好,坐着不动,也不站起来招呼一下师兄,妈的。

冷菜已经摆好,六盘,花生、皮蛋、黄瓜、烤麸、螺蛳、白切羊肉。不要说我记性好,酒水糊涂在后头。酒盅三钱杯,先敬师傅在天之灵,再敬老大和嫂子。嫂子碰了一杯去厨房了,老大回敬，说师兄弟一场，也是人生缘分，开开心心就好。师弟几个也敬我的，说是经济基础敬上层建筑，去，干。干完一轮就随意了，一小盅一小盅地走，等热菜上来，两瓶酒喝掉大半，天也黑了。我就记得嫂子端个大砂锅上桌，芋艿炖老鸭，其它想不起来了。从这里开始，记忆变得一节一节的连接不上，当中被酒化掉好多，空白接二连三。也就是说，螃蟹还没看到，喝得差不多了。

一锅白汤里飘上来几段红辣椒，有几句话我还是记得分明，写下来也不会搞错——

我问老三，老厂有过一个机会，和外企合资经营，听说你不赞成？

老三说哪一年的事了，不提也罢。

我想知道你现在的看法。

我赞成不赞成不过一票，是厂部办公会议大家反对。

我只想知道你现在的看法。

老三说我当时是办公室主任，大小中层干部，好坏也是组织任命，不算数了，重来过，你要我怎么表态？

听好，我问的是你现在的看法。

老三看看老四老五，说工人有工人的计较，干部就不能有自己的考虑？

听不下去了，我说你们就不管一家大厂的死活，不替几千个工人、几千个家庭想想？

老三捏着酒盅，朝我一笑，说师兄是要跟我讲讲做人的道理？

哪里哪里，我自罚一盅，不过是马后炮罢了。

——还算心平气和。想发作也轮不到我。老四老五身为师弟，不便插嘴，听到也只当耳旁风，喝酒吃菜。老大也不说话，挑剔似的一样一样吃过来，品品味道，还算满意。没人劝酒，不要劝的，都喝得很主动，毕竟五粮液不常有。

后来就记不得了，断开了，空白了，和酒精一起挥发了。

醒来，天已经大亮。师兄弟三个不知道怎么会睡到客房里来的，我和老四各自在单人床上，老五打地铺。湖上有水鸟叽哩叽哩地吹口哨，我起身出去。船头向阳，亮得睁不开眼睛，老大在甲板上抽烟，看见我不过点点头。我张望风景，说昨晚喝多了，怎么睡下去的都不晓得。老大嗯。我没话找话，说老四老五睡得像两头猪，在打呼噜。老大还是嗯。我说老三没看见嘛，老大说昨晚跌到湖里淹死了。我仔细看看老大，不像是真的，也不像是开玩笑，倒像是一句气话，就问怎么了。老大说你们三个非要出来朝湖里尿尿，老三跟出来，你们嘻嘻哈哈地把他抬起来丢到湖里去了。不会吧？还不会呢，老三黑咕隆咚在水里乱扑，你们回身进去接着喝酒，还又哭又笑的。这个，好像过分了。你倒也晓得过分。我问人呢，老大说他也喝了不少，扑到船边，我拖他上来，上来就要我送他走，浑身湿淋淋地走了，好坏老三也是有身份的人，你们也真是。我只有点头的份。老大说都上岁数了，还看不穿,不太平。我哪里还有底气回嘴。老大突然笑了起来,说其实也没什么啦,就是下次碰头有点尴尬,有空你打个电话给老三,就说酒喝多了,师兄弟开玩笑的,过分了,对不起。我答应下来,反正懊悔也来不及了。

老大指指船舱窗外挂着的三个塑料袋,说这么好的螃蟹你们不吃新鲜的,带回去吧,喷口老酒再蒸五分钟。好的,也对不起这些螃蟹。老大又吩咐,你进去,叫他们两个爬起来动静小一点,嫂子天快亮才睡的,昨晚伺候你们几个大爷到下半夜。

我宿醉未醒,思想半天,一对不起老大和嫂子的辛苦,二对不起老三带来的五粮液,三对不起这些四两以上的大闸蟹,四对不起一望无边波光潋滟的阳澄湖。

对不起这世道,我们这些渣滓。

青岛赋

我和小荆结婚旅行去北京,然后坐火车去青岛。北京有一拨久仰的朋友,而青岛当时就俩,谢颐城和梁青生。我要去青岛参加老谢的婚礼,约了好久。没现在这么容易,要来去通信好几回合,启程前还很奢侈地去邮局发电报,王张二人几日几次车到,特务接头的密电一样,算好字数递过去电报稿和钱。

北京开往青岛,到站看到青生。他带我们到大学路上朋友的家里,人家根本不认识我,就被青生赶走了,上海人说烧香赶走和尚。第二天婚宴,我的天,这是我人生中唯一一次喝了吐吐了喝的宴席。散场后被带去海边,有个路人大概看我们醉态可掬,多看了一眼,青生上去就揍人家。知道了吧,东北人的瞅啥瞅是胶东汉子闯关东带过去的毛病。一伙兄弟就躺在离栈桥不远的海滩上,冲着天空大喊,喊什么就别问了,根本不记得,记忆被当时酒精弄成一节一节的,留下的空白就永远挥发掉了。想想婚宴上那么多亲朋好友，一个个都喝成啥样。新郎新娘隔天回拜，老谢见面居然跷起大拇指，说昨天喝得真好，意思是放开痛饮才算给面子。什么破规矩，我头疼欲裂正发誓这辈子再不这么喝了呢。

结婚以后老谢就不见了。他去北京做学问，北大作家班兼鲁艺第一期，其实就是早期北漂吧。顾城来上海，说老谢在北京成了现代派主抢手，就是把理论像炸弹似的抢出去。北岛后来也证实，说一听见有青岛口音在胡同口叫他名字，能吓一跟斗。等回到青岛，老谢再不出门，闭关做学问。可能是嫌这伙兄弟读读书交交手写写诗打打架的碍事吧，包括我在内。这学问做的，六亲不认。别怪我，都他们说的，谁让你仙风道骨的见不着真人。

青生，你我近四十年交情了吧？你反省一下，我这么老实的社会主义好青年，被你带下了穷读书穷写字穷交朋友的万丈深渊，赖你。你一个一个地介绍我认识你的朋友，都是青岛神人。崂山脚下住着的老郭，我们在他家吃海里的螃蟹，用脸盆端上来，对了就那次让我见识了青岛女士吃螃蟹的风采，豪爽而又优雅，顿时觉得南方的吃法太不对了。广东饭店的厨师小袁，也写诗，诗没看到，光顾吃了，为什么每次要去那里，青岛不会只有一家像样的饭店吧？嗯，写小说的周立武，记得他叨叨叨说了一通福克纳和茹志娟，我们不写小说，插不上嘴。写诗的青年刘涛，最近一次去青岛，喝酒是他请的，什么最近，也十年了，看他网上回忆录里提到我，我也说说他，一次和我同船到上海，给我讲了一路埃利蒂斯,一天一夜啊兄弟,这辈子我忘了埃利蒂斯我不是人。写小说的青年李明,后来编杂志了,先在深圳,后到上海,让我觉得自己活得好没段位。最近一次见到的青岛兄弟是大宋,老谢的前同事,来上海看读大学的女儿,什么最近,也五年了……都是你介绍认识的,青生。你长处是有点自卑,不管和他们谁在一起,总是手不离烟地听人家抡,末了表态说回家要重读那些读过的书。你短处是特别牛逼,北岛后来说起你,就记得吃完饭要结账你大喝一声都别动,掏匕首似的摸出一摞人民币拍在桌上。

还有前辈刘禹轩。还有诗人纪宇。还有小说家尤凤伟。都是我敬重的人物,这篇涂鸦文字里就省略了,以示敬意。

青岛除了朋友,记得住的有两大印象。首先,你们青岛人都怎么骑的自行车?简直神奇,坡道那么陡,上来下去都怎么控制的?我借来一辆金鹿骑过,下坡非倒踩刹牢不行,不当心就飞过马路冲进大海了。当地自行车没手闸,都脚刹,让青岛人来上海骑车还不一路撞过去。其次,青岛男人耐心不够,主要是从争执到动手的时间过于短促,惯例上和我居住的上海有很大差距。我介绍朋友去青岛玩,事先警告过他也没用,还是在饭馆为争座位挨了揍,据他说当时看过手表,册那一分钟都不到啊!你们不要赖,当年都是一言不合拔拳就打的野蛮人。君子动口不动手,多吵一会儿会死啊?文明程度的差距就是从争执到动手你花了多长时间。

那个饥不择食抓起文字就读的年代。那个你读过我也一定读过的年代。那个彼此见面会心一笑只要看过作品就知道对方最近在读什么的年代。那个翻译家构建的年代，前辈拼命苦译，我们拼命恶补。那个所有的读者差不多都是作者的年代。那个知道名字就是兄弟的年代。那个万一出事绝不缺少可以托付家人的兄弟的年代。人都有个性有脾气，是兄弟就行，其余与你我何干？我甚至认为那种非要否定他人才能肯定自己的写作者都不能算是那个年代过来的。

不过，总有事情耿耿于怀。老谢，我确实不知道有几年嫂子带着儿子来到上海学棋，要知道了怎么也不能让她住地下室打零工熬过来吧？你一声不吭也做得太绝，想起来我就负疚不已……不说了，想到你们当时其实是在支持围棋的未来，这愿望最后成为现实，远超出父母开始的期待，没什么可说的，好儿子，好样的！

老肖

　　这场午后的遭遇令人猝不及防——本来是一段平和的时光，阳光漫不经心地涂抹在绍兴路上，五月啊五月啊，哼哼着我就使劲撞开出版社读者服务部的玻璃门，和朋友一前一后挤进去——迎面看见了你，你在陈列架上，一本名叫《肖岗诗集》的书。我愣了一愣，转过头去，当作没看见，继续往里走。出来的时候，朋友拿着一本书付钱，我递上了这本，老肖的书，神差鬼使地在我手上。

　　现在我写的肯定不是书评，因为我没读你的书。几天过去，书放在床头，就是不愿翻开看看。每天早晨醒来，看见书在那里，总要愣上一愣。以前，一个外地诗人问过我，你是不是有点怕老肖？

　　老肖是编辑，我是作者。我把诗稿寄给你，过些时候碰到，你如果笑嘻嘻的，那意思大概是写得还可以；如果支支吾吾，我就假装什么都没写过，反正你尴尬的神态就像那些糟糕的句子是你自己写的一样。那时我还年轻。那时你有很多写诗的年轻朋友。那时我们专业写诗，业余做人，活得很粗糙。那时的交往，似乎没什么年龄距离，拿你开开玩笑，你也跟着乐。那时遇到宽松又宽容的你，实在是一种幸运。可是我们不清楚，只当是应该的，在你面前说话无拘无束，给你寄去的诗不规不矩。直到经历了一些年，经历了一些事，直到我也成了老作者。

你有很多写诗的年轻朋友。他们千姿百态，神出鬼没。你不管理他们的个性，你只负责作品的质量。你像所有传统的编辑一样，拿着一把尺，端着一杆秤，一看到谁的作品就想扑过去量一量，称一称。整个八十年代，年轻人的诗真是太难衡量了，你费劲地读着嚼着，跟形形色色的主张和说法斤斤计较。在北京，一个朋友问我，说你们上海有个主抡手，你认识吗？主抡手的意思就是把理论像炸弹一样抡出去。谁呀？老肖。后来我也发现了。开讨论会的时候我就不坐在你边上了。因为你抡的时候，会冷不丁地扭过头来问，是不是？啊？啊？弄得我像上课思想开小差的小学生。让别人坐在你边上倒霉去吧。你不在场的时候，我们谈论你，就像在说一位老大哥，尽管你是长辈级的。有趣的是偶尔碰上更年轻的诗人，他们也把你当老大哥，老肖，肖岗，随便。

想起来了，有一次我昏了头，和你谈什么新见解，像真的一样，你哦哦地听着，饶有兴趣的样子。我正用力挥舞那几个概念，忽然被你眼光刺了一下，那双浑浊的瞳仁中，掠过一只火红的狐狸。我忘了是怎么关掉那些胡言乱语的。从那天起，我对所有自称不懂的中老年一律保持警惕。

叫你老肖，因为觉得自己是你的诗友。有时叫你肖老师，因为想起你还是我的前辈——你曾经在这个城市的共青团机关报工作，那是毛泽东时代，是牛虻、保尔和格瓦拉的时代，是列宁装、中山装和旧军装的时代。可惜，那时我不认识你，我骑在树杈上举着竹竿粘知了。后来，我也走进这个机关，指挥大学生中学生唱歌跳舞演话剧。可惜，你不肯回去，去了《上海文学》编诗。你看，你我没有接上头，中间隔着那十年，一片大沼泽。我模模糊糊地张望从前的你，像一架调不准焦距的老相机。你呢，你有几位老同事回机关传帮带，都是我的领导，都可以向你反映我这个作者的日常工作表现。我时常会有一种错觉，似乎你也是我的上级领导之一，真要命。九年后的一个阴雨天，我办完调离手续，走出马勒别墅，拐进附近的爱神花园，坐在你的办公桌边上。毛毛雨浸湿了头发和衣服，我像一个被骗走财宝的报案者。你一声不吭，责备似的盯着我看了半天，叹口气说，你最近写什么了？

我没去送你。说真的，我不是个能面对死亡的人，五十岁以后，一不当心就会思考死的问题，每次我叫醒自己，把自己从意识流中打捞上来。我没去送你，老肖。在市区西南角的那个大院子里，我送走过亲人和好友，他们多数走得不是时候。我实在受不了。那个上午我在干什么？我一个人在家里发呆。12层楼看出去看出去看不了多远，远近高低的楼房足够让视线历尽劫难。12层楼的阳台上，这个叫做王小龙的胆小鬼吓得泪水涟涟。所有共同经历的日子，所有的坏事情，都不怀好意地站在他眼前。

老肖。

小兰

跟胖子菲菲约好，一起去送小兰。她住在静安寺红都剧场后面，愚园路弯过去的地方，沿街一幢面对午后阳光的老公寓楼上。家里人在忙，地上放着好几个人造革箱子。小兰要去美国，好像是陪读吧。她坐下来和我们说几句，泛着光彩的脸上，很有希望的样子。马上就要去机场，一时也没什么话好说，我们就告辞了。她送到门口，说你们有空就去陪老肖坐坐，诗也要写下去，《上海文学》我能看到。

老肖是要去看看的，诗就算了吧。反正我见了后来那老兄心烦，他老是要把刚发表的专栏"冲击波"再说一遍，老要硬塞给我们什么"筑墙"论。

出来后，下午又去了哪里，我忘了，胖子大概也忘了。

是海翔告诉我的。他坐圆桌对面，周围又闹，想问也没法问。喝酒喝酒，难得糊涂啊。反正我知道了，抑郁症，小兰死了。

　　小兰是《上海文学》的诗歌编辑。对了，她喜欢胖子，见了就想挠挠他头。因此胖子写什么都好，小兰会说这很有意思。那天参加诗歌讨论会，前辈们发牢骚倒苦水谈迷茫说气闷。小兰让最小的说说，菲菲。胖子说，我越听越沮丧，写诗这么痛苦，还写什么？我因为愉快才写。他那时高中还没毕业，一个中学生，竟说得众前辈尴尬起来。小兰赞成菲菲，说我也愿意愉快地去写。她大概对我们这班脏兮兮走过来的家伙没信心了，宁愿相信更年轻的。

　　我不记得小兰的其它作品了，就想起那首《大树王》。说一棵古树，顶礼膜拜的人太多，结果把它给害死了。我也写过这类像是寓言的诗。曹冠龙说的，我们是免不了功利了，总想操起诗来刺杀什么。

　　海翔说小兰去年回来过，见了几个朋友，说你们过得挺好，我就安心了。奇奇怪怪的。事后想来……事后总能发现事前的征兆，比如我这些文字，要有意外，也能揭发出什么暗示来。该死的不正是我这种厚着脸皮活着的人吗？小兰她招谁惹谁了？

　　小兰这编辑有点好玩，有时转过来代表老肖开导作者，有时转过去代表作者跟老肖斗嘴。我像病人一样蔫不叽叽地坐在她桌边，心里却在笑个不停。有一次我刚坐下，她就给我看谁谁的一首诗，说这词要改，否则发不了，你看怎么改。我最反感这种事。我也不会支什么招。她只好把藏着的替代词拿出来，说琢

小兰

磨了一晚上,你看好吗?不好,一晚上就琢磨着怎么毁人家的诗啊。小兰盯着我,一下就眼泪汪汪了。我赶紧站起来往外溜,听见她对老肖说,我改不了,要改你自己改。

现在还有这样的编辑吗?我不知道。后来我碰上的编辑,尽是些虐待起别人的孩子有快感似的,特别是文科小才女之类,自以为是得很,还没读完就已经改下去了。

我在马路上乱走。半夜。善良的小兰,敏感的小兰,一路上苦多甜少的小兰,她碍着谁了?一个人,谁都伤害不了,就只能伤害自己了。这下,伤害到底了。死了。就是说,你要在认识的人当中,从活着的这边拨一个人过来,挪到死去的那边去。想想这有多难吧。

我给胖子发短信,想告诉他。我发不出去。他也这毛病,老把坏事当作针对自己的阴谋和惩罚。

海翔来了短信,说还是要好好活下去。是,好好活下去。

问题是,我本来以为,小兰出去以后,会过得很好。不是出去的都过得不错吗?我差不多都把她给忘了。

我操它美国。

老郭

有一年秋天,梁星明和我想让老郭从北京到上海来玩。他在家里太憋屈,师母是小学老师,习惯性管制,最烦的是不让抽烟,老郭只能借倒垃圾机会到楼下躲着吸几口。老郭来了,住进永福路52号的上影厂文学部写作楼。对,带着一个电影剧本,历史剧,古装戏,哪朝哪代的我也不清楚。听梁兄说,编辑要求修改,根据剧情和摄制需要,而老郭不愿意,说历史不是这样写的。这天一早我去看他,在门口碰到了姜编辑,他说你等等,我先上去找你老师谈谈剧本,已经想好三条意见,非修改不可。我说老郭攥着历史事实不放怎么办。姜编辑顿时激越起来,说他也是野史,又不是什么正史。说完,雄赳赳气昂昂底气十足上楼去了。没我什么事,我在文学部花园里散散步抽抽烟。大概就十五分钟,看见姜编辑灰头土脸下来了,这么快?姜编辑神情涣散,说刚提出第一条意见,老郭脸就板了下来,两眼瞪着,看得心慌。稳住，坚持，继续提出第二条意见。老郭嘴巴鼓动几下，伸手把上下假牙拿下来放在茶几上了。然后，就没什么然后了，姜编辑面对一副假牙想不起第三条意见了。他怒不可遏，怎么事先不说你老师的牙齿是可以拿下来的？我也有点不高兴，老郭太过分了，所以一见面就埋怨，谈剧本就谈剧本，有不同意见可以讨论，老师您让人家看假牙干吗？他坏坏地笑笑，把假牙装了回去。

去年夏天，熬过最热的那些天，老哥梁星明来电话，说碰碰头吧好久不见了。就碰碰头，喝酒。都差不多了，他突然小声说，有件事比较烦，打电话去北京老郭家，试了好几次，没人接听，预感不太好，兄弟你要不要找谁问一下？我说会不会老两口又出去旅游了。不会，前一阵说身体不好，出门不方便。我就打电话给熟悉老郭的北京朋友孙文，他也不清楚，答应去问问。要等回音，不急，我们兄弟俩就聊一些和老郭有关的趣事。

八十年代的某年吧，老郭辞了那个要命的全总文工团团长职务，梁兄和我陪他回成都老家散心，以改稿为名受邀去峨影厂。人家也有个招待所兼写作楼，苏式老洋房，看上去不错，推开房门傻眼了，四处污垢和毛发，一股难以形容的气味，难怪中国电影都脏兮兮的。想想要住个把礼拜，我就去向服务员借来吸尘器、刷子和抹布，花了整整一个下午，把卧室和盥洗间打扫得干干净净。老郭和梁兄在隔壁房间下围棋，晚饭前过来欣赏我的劳动成果。老郭逮着机会丢了个书袋，说古时候有个才子，洁癖闻名，就爱打扫房间，旅舍客栈都盼着他去，不要钱，还管吃管住。我累得半死，老郭和梁兄说得开心，这时招待所所长进来了，说房间给错了，要换一间。我当时就软瘫了。老郭和梁兄笑了一晚上，第二天接着笑。

到了九十年代，烟花三月，我们师徒仨去扬州拜访评话大师杨明坤，想改编评话《皮五辣子》。平山堂、瘦西湖什么的总要去看看吧，转转。兴之所至，我请教老师，"平山栏槛倚晴空，山色有无中"，实证派说欧阳修"短视"，就是近视，这个不好考据，猜的。苏东坡为之代辩，说是雨中自然，我给差评，明明倚晴空嘛，无雨。老郭解得有趣，醉翁既非近视也未老花，平山堂面南，太阳照来，正是逆光，自然有无中了。我们当时正站在平山堂露台上，记得老郭还看看我，说你吃电视这碗饭，逆光不懂啊？

都知道扬州二十四桥，较真的话，两种说法，一说桥名就叫二十四，一说晚唐确实有二十四座桥。老郭说搞不搞，就多罢了，类似南朝四百八十寺。我提醒说北宋沈括确实记录了扬州境内的二十四座桥，老郭说那是文人凑趣，蒙游客的，现在还要说桥有二十四座，那就得把立交桥也算上了。

杜牧诗中的还有这句，"秋尽江南草未凋"，最早的刻本"未"误为"木"，毛泽东抄写不错，手书诗碑是"未"。可是直到现在"草木凋"仍然顽强地存在，甚至还弄到了教材上。老郭说，以一国之君的权威，不能纠错一字，嘻嘻。

老郭好掉书袋，长我不少见识。有一次在梁兄家的小院里聊天，说《金瓶梅》。我没好好看过，插不上，就信口扯到《诗经》，"鲂鱼赪尾，王室如燬"，说只有闻一多实在，鱼为隐喻，意淫纵，不过他也不往下说了。老郭说闻先生吞吞吐吐只说前半句做什么？后半句的"王室"也是隐喻，就是子宫，和国事、官家和王孙无关。对对，我总算可以插嘴，说古时候人体器官没有下流一说，哪里像现在写字，要说生殖器，小家电一样。老郭笑死了。

我的经验是不要冒着自取其辱的风险和成都出来的文人谈论什么古典，他们麻得安逸，辣得巴适，有的是闲情逸致用来研读，浸淫其中吧，我比不了，学问一知半解，还一百样操心，注意力太不集中。我能对付过去的办法就是虚晃一枪声东击西，老郭说这书，我就扯到那书，他说这掌故，我就引到那掌故，博学者当然不肯放过发挥的机会，一定会跟着过来，于是一晚上穷聊，他先晕了。

老郭表扬过我，说我胆子大，什么事知道一点就敢说。大概是不当心让他听见一次我跟人家吹中国古代哲学吧，核心内容就是他前几天刚给我讲的，我不过热心添加不少，即兴发挥一番。2010年日本的能乐大师关根祥六、歌舞伎代表人物坂东玉三郎来上海和梅葆玖同台演出杨贵妃，我受托组织拍摄纪录片。日方同行的有一位东京大学的学者，约在花园酒店咖啡厅座谈，沟通是名义，想称我分量才是目的。我上来就说贵妃东渡在日本是共识,在中国只是传说。学者同意,问,王先生您的看法呢?我肯定了贵妃东渡,说答案就在《长恨歌》里,然后巴拉巴拉一通神侃。我很清楚,能乐和歌舞伎的贵妃故事都源自《长恨歌》,人家研究多少年了。不怕,怎么着都是中国古代故事。学者听着翻译,频频点头,不说有所启发吧,起码所见略同。然后,学者问,日本有好几处杨贵妃墓地,比较可靠的有两座,一座是杨贵妃的话,王先生认为另一座里面是谁呢?厉害吧,换个谁就只能无语了。我格愣不打直接告诉他,另一位是永王璘的夫人。学者大惊,盯着我看。我让他查查安史之乱时期的历史地理,查查永王的行止和驻扎所在。我甚至告诉他,杨贵妃逃生后只能投奔永王,别无选择;她和李璘夫人等家眷随从一起,一个船队由扬州出海东渡,别无选择。我也会说也许啦可能啦,那样气势就不足了,再说我不喜欢留有余地,又不是历史学者考古专家。东大的学者事后告诉从事中日文化交流的主办人,王先生学识不一般,他的纪录片可以随便拍摄,关根和坂东大师那里由他去解释和说服。其实呀,这些都是老郭给我讲的,真要了解其中玄机,请参阅老师的文章《长恨歌恨的是什么》。

北京那头电话来了,孙文吞吞吐吐,说是听说的啊,你们老哥俩要有思想准备啊。我说你怎么回事,什么情况直接说。孙文说老郭五月份就走了。走了?上哪了?嗨,还能上哪。我明白过来,有点急了,你怎么才说,我要不问呢?这话说的,不问不走,一问就走?孙文说都是事后听说,没人说得清楚。好吧,我想想再说。电话挂了。

想想,能把老郭想回来?

提起老郭说得亲热,人走了都不知道。自称学生,老师没了都不知道。北京还有朋友说过,老郭常提起你们,他晚年有你们上海这俩学生惦记,还是幸运的。这好,幸运得人不在了都不知道。老郭您也真做得出来,是存心的吧,招呼不打一个,就把我们变成了被遗弃在哪个码头上的低能儿。

想起来了,最后一次见面是2010年秋天,老郭和师母陈老师来上海看世博会。晚上我请客,感觉他们转了一下午,累得够呛,就劝他们悠着点,地方太大,能看多少算多少。他们不听,生怕错过什么似的,拼着老命看了三天。回京以后,老两口都病了一场。

我把老郭的信件翻了出来。大概在1996年,我花了半年的空余时间,参考几个可靠的版本,把《道德经》八十一章白话翻译了一遍。寄给老郭,他非常高兴,大概认为学生有点出息了,前后来过三封信,长长的,一字一句写得清晰秀气,阐述他对老子、对道德经中一些理念的见解。可能他自己也认为比较有趣,都收在随笔集里了。信件连信封我当宝贝一样藏着,现在,成遗物了。

凭什么

我从来也没认为自己是个诗人。必须要交代点什么的时候,我总是有点犹豫,最后不得不落在纸上,就说我写诗,或者写分行的文字。倒不是诗人有多高大我够不着,而是这身份实在让人觉得不靠谱,以我的见识,可敬的有几个,可爱的有趣的是越来越少了。

可能是因为写得比较少,心虚吧。我说过,可以留作纪念的诗不足百首,希望有生之年凑个整数。真不是谦虚,这些诗当中确实有一些是留作纪念的,意思就是可能对自己有意义,对读者有什么好处我没把握。

过去很久了,我说诗只是生活的一部分。当时吵着诗是生命是全部的,后来很多都不写了。事实上能以命相搏的人极少,该受人敬仰。我做不到,能做到的就是习惯性地写几行,自己认为过得去就行。谈不上什么坚持,那太身段化。一同走来的人有的死了，有的疯了，有的失踪了，想想我还能说诗是生活的一部分，够意思了。

我算幸运的，写的几乎都能发表，只要愿意投稿。但是从来不认为发表算是什么标准。当时认识的几位朋友虽然没机会发表，写得比我好多了。有时跟写小说的朋友开玩笑，说只有诗人有资格说不为发表写作，诗人泡妞说本子拿来我抄首诗给你，没听说抄个长篇给你，中短篇也不行。诗的不管不顾的冲劲就在这里，纸质年代，官媒时期，小说的先锋和前卫是很可疑的。

80年代写得多些。不是说那时候怎么了，年轻而已。80年代其实没他们说的那么好，我不知道一些过来人的记忆出什么问题了。比如，穷，穷很令人神往么？我知道历来都有贫困艺术，那叫不得已而为之，比不了高大上我跟你比精气神了，其实，巴不得不愁衣食一心写作呢。再比如，有压力，谁喜欢压力了？除非他受虐成癖。说没压力就写不出好诗的那叫贱骨头。当然，能在贫困、饥饿和压力下顶住了，还拥有持续写作的力量，不容易，不过这是另一个层面的问题了。

除了写诗是可耻的那几年。

那个年代，能给人留下记忆的诗并不太多，留下来继续写作的诗人更少，这也是事实。潮流归潮流，礁石归礁石。我独自发呆的时候会想，他们都到哪里去了？很想念那帮聪明过人、才华出众的家伙。他们可能去玩别的什么了，后来选择多了起来。

值得一说的是那时候读书读得真狠啊。欠得太多太久，饿疯了,见到好书眼珠子都绿。都是一流的,都是翻译过来的,我甚至认为这世界真正出色的书都在以前,翻译也是以前的可靠。读也没那么功利,不是为了写什么,就是读,特别美。直到今天我还这么认为,读一本真有价值的书比写一首诗重要得多。

也不太敢想多写一点会怎么样。想也没用,来不及了。说为生活为工作所累是矫情,就是一直在忙,瞎忙,忙得没力气也没心情琢磨诗这件有它不多没它不少的事。但是也怪,有那么几首就是在最忙的时候写的,剧场后台,火车硬座,甚至是编辑机房,熬到下半夜,突然想写,就写在场记单的背面。我解释不了。

写的过程倒是一直有尝试的心态,尤其冷处理后拿出来修改,耐心好得像真正的工匠。好像很少有驾轻就熟一路狂奔的时候。口语写诗没那么简单,我操练到现在还常常上气不接下气,怀疑自己是不是真有能力。还要特别留神,读有可能会影响写,翻译过来的东西读多了,别操着中文说外语。

当然,假装外宾的情况,远不只是语言问题。诗有更高的境界,高于现实和世俗生活,高于个体的局部的暂时的天天发生的灾难,这还用多说吗,有那些大诗人的作品在。我劝慰自己,他们有上帝眷顾,我们嘿嘿就别假装啦。

希望诗如其人,像我,踩着河边肮脏的烂泥地,就这么又疲惫又愤慨地走过来。诗不怎么样,但还算诚实,不美化和神话自己,别让人读着不知道是人是仙。

不看谁眼色，不猜编辑和读者口味，不仿效闪闪发亮的，不那么势利眼，就能写得自由自在如入无人之境，自作主张自以为是自鸣得意，也就不是什么毛病了。所谓业余腔调业余态度吧，又不靠它混饭吃，怎么写你管我啊。业余行走大概有益于心理健康的，好像专业棋手赢了业余的没什么了不起吧？不当心输给我倒麻烦了。

总之不拿自己当回事。当多大回事就出多大洋相。这世界好诗人像星星一样多，随便张望一下就晕，你自己不过是地下哪粒石头子儿。星星画会三十年出纪念册，我问为什么是陈丹青序，差好几年呢。严力指指书名，说这四字意思好，依然在野。

搬东搬西

好像有几条光柱在夜空中交错,光焰不时闪亮,然后是远远的爆炸声。我不能说得很肯定,因为算下来那时才四五岁。

那是四平路铁路宿舍,我在上海的第一个家。说这话真好笑,那时候我什么都不是,才多大点?应该这么说,那是父母凄凄惶惶离开北京南下上海后的第一个家,1954年秋天。我夏天出生,可以想像我被裹成一团,完全不顾本人的意愿,和破皮箱烂包袱一起搬过来的样子。我之上,还有三个,老大哥哥,老二、老三姐姐,我老四,一个比一个小两岁,像铁路轮轨撞击似的节奏感强烈。

真的我不能说得很肯定,一些情景是以后从父母和哥哥姐姐的三言两语中听来的,久了,就落地成记忆了。四平路铁路宿舍后面的确有一个高射炮阵地,不过我对夜晚的蒋匪空袭真有印象吗?

我们家前排宿舍有个男孩，和我同龄不算，还同姓同名。本来我跟妈妈姓得好好的，只好规规矩矩改回去随爸爸姓。这是后来听哥哥说的，他让我记住那个叫做申小龙的小子。那个小龙的爸爸是上铁一小的教导主任，在院子里碰到家长就会告状。就因为申老师的这份嗜好，哥哥平均每星期挨揍一次。申小龙，现在是复旦大学中国语言文学教授，外派孔子学院，不知在哪个国家。对了，后来怎么没趁他跟我一起写歌词的时候替我哥哥揍他一顿？

趁阿姨去上厕所，我逃出了幼儿园。一个人走在四平路上，走那么远，也不害怕，就按记得的路线往家里走。走着走着，担心起来，不知道回到家里大人会怎么对待。正没主意呢，看见路边空地上有个老头在修棕绷，我就站了下来。老头脚边有几捆棕绳，他挑出一根绳头，用木片把它打进床框的缝里，然后上上下下穿到另一边，扯紧，又用木片打进去固定住，一根烂的断的棕绳就被替换成新的了。我大概看了很长时间，直到老头把同一个方向斜过来的棕绳修好，直到他用一种很黏稠的胶水滴进床框的缝里封死。向毛主席保证，老头的手艺简直是一种魔术，扯着我的视线穿过来穿过去。要在今天，我会说老头太酷太牛逼了。

那应该是1959年某个夏天的傍晚。我不知道幼儿园已经派出阿姨去家里抓我，不知道家里人冲出门来满世界地乱找。天渐渐暗了下来，我在四平路上被一个修棕绷的老头迷住了。就在这时，我听到了一段童谣，很短，很好记，只要不是呆瓜，应该听一遍就会。

后来我理所当然地被大人找到了,绑架似的送回幼儿园睡觉,完全不顾本人的意愿和哭喊。第二天,小朋友们画画的时候,我想起了老头的手艺,就把昨天听来的童谣唱了一遍。阿姨把我拎起来推到门外去了。

那是我学会的第一首歌曲,是这样唱的——

老头邦,修棕绷,
一修修到肇家浜,
摸摸卵子硬邦邦。

我们家老五是62年生的,在第二个家,虬江路铁路宿舍。那几年虽然有阶级斗争,相对还算是太平时光。再说自然灾害过去了,老五不用像我一样成天饿得慌,见什么都想咬一口,你看他后来,吃得白白胖胖,肿出来了,我都看不下去,说过几次,你像什么样子。

我还记得家搬过来的那天,礼拜六傍晚,爸爸来幼儿园接我。奇怪,不往家走,站在四平路上等公共汽车,我问爸我们到哪里去,爸说到了就知道了。上了车,轱辘轱辘,开了很久,中间还倒了一趟车。天黑以后,爸拉着我拐进路边一个院子,黑乎乎的有几栋楼,一个个窗子都亮着灯。我们进了中间一栋,上二层,推开右边一扇门,就听到屋里在唱歌。懵懵懂懂进去,看见

妈妈坐在沙发上，拿着歌本在教唱，哥哥和两个姐姐围在边上咿哩哇啦。灯光明亮，地上湿漉漉的刚擦洗过。爸说，咱们搬家了，就这儿。

那歌本是《外国民歌两百首》。好几年时间里，家里永远有人在找这本小书，也永远能在我这里找到，天知道我把它藏起来干什么。文革开始的时候，妈叫我扔了，我没听她的。晚上趁没人看见我出去扔掉的是一把子弹壳。爸说人家来抄家，找到子弹壳就会逼我把枪交出来，他妈的老子哪里交得出枪来？我只好晚上去把子弹壳一颗一颗塞进阴沟洞里。

只有月亮不怀好意地看着。

老五小我八岁。我读小学和中学的时候，很大一部分家庭责任是管好弟弟。他对爸爸妈妈说，我不要你们管，阿龙管我就行了。阿龙是他的一匹马，他最喜欢做的事情就是披着被单骑在我脖子上到院子里去冲啊。我放学回家，一丢下书包，他就闹着要我带他出去穿林海跨雪原气冲霄汉。说老五是骑在我头上长大的也可以。有一次我什么事情心烦，不想带他出去，他闹，我就给了他一巴掌，他没料到，愣了一会儿，想想应该哭的，就哇哇大哭起来。妈过来要揍我，我逃到门外，透过门缝看进去，妈问阿龙怎么你了，他就打给妈看，对着自己脸上使劲拍了一巴掌，真疼，于是哭得更凶了，笑我半死。

老五叫我阿龙，因为刚回国定居的奶奶叫我阿龙。爸让我们管奶奶叫阿婆，她的话我们基本听不懂，是一种夹杂着福建话广东话马来语和一点英语的南洋话，爸也听不懂，只好乱猜。爸十七岁离开新加坡回国抗日，几十年在北方，早就和老家断了联系，哪里还会古怪的南洋话。文革初期有一天，爸在北站附近的小饭馆喝酒，听到邻桌的红卫兵口音亲切，一问是海南大学来串联的，就聊上了。不料人家怀着对老革命的崇敬，凭着爸提供的一点线索，回去东询西问，居然替爸找到了失联多年的母亲。这时阿公已经去世，就阿婆一人在新加坡，老太太念子心切，收拾收拾就来上海了。那什么年头啊，海外关系避之不及，爸您还找个老太太回来，真是的，性情啊。刚回来还好，阿婆还能出去走走，在南京路中央商场门口坐下来喝了杯咖啡，阿婆说狗逼，NO，意思是这也叫咖啡。过了几年，中风偏瘫了。再过几年，去世了。是在家里，下午睡了过去。

我现在想起那个家，眼前打开的就是朝南的窗口。窗外就是铁路游泳池，夸张的说，能从窗台上直接跳进池水里去。铁中学生上游泳课的时候，我听见体育老师说，铁路家属中游泳好的孩子都住这栋楼里，为什么？看得多，救生员教练员运动员，等于都在给他们作示范。说得没错。有个救生员叫妙根，国家水球队第一任队长，打完德黑兰亚运会才退役，说是以前在南站当装卸工，那身板，前后左右一样尺寸，肺活量大，抗压力强，手掌直接抓球没问题，左右反手射门是他的看家本事。他游动起来，脑袋和厚实的背部可以高出水面好多，鲸鱼似的黑黝黝地滑行过来。有时候他会打开游泳池后门，穿过我们的院子到虬江路去，那身板摇啊摇的，天神一样。

从小学、中学到进厂做工，我们家都在虬江路铁路宿舍。那其实是个一踏出家门就遭遇遍地狗屎的时期，混乱而又贫乏，以前我写过几篇文字，尽量写得好玩一点，故事一点，何必戳人心肺，中国大了，苦大仇深腥风血雨哪里轮得着我。

有一年夏天，晚饭后我和老五出去，还让他带上蜡笔和画图纸。虬江路往西，走到共和新路左拐上了旱桥。到桥中间，往东看是北火车站。夕阳余晖还在，站台灯光已经打开了，轨道信号灯的红红绿绿中，列车驶出站台，逐渐加速，火车头上的大灯老远就照亮了桥洞。我说你画下来，怎么画都行，老五就开开心心地画。画完，天也黑了。回到家里，我让老五把画拿给爸看。爸喝过酒了，坐在沙发上抽烟，他就看了一眼，说这什么破玩意儿，把画推回来，还在老五胸口怼了一下。老五当然哭得很伤心。太过分了。爸，您在天上不知道会不会记得这天，那是我们父子关系紧张的开始，我最多只能假装忘记。我知道老五也没忘记，有一次提起，我说爸喝多了，你把那个夜晚擦掉吧。

老五长大以后出息了，在某些领域，我听人家说，属于领袖级人物。然后，忽然有一天，他不跟你们玩了，他出息到纽约去了。当然，每年也回来看看，朋友聚会之余，和家人吃顿饭。我看他胖乎乎笑嘻嘻地说话，老是想起小时候门缝里看到的情景，他对着自己脸上使劲拍了一巴掌，然后疼得大哭，笨不笨。

一天，家里来了两位爸爸的客人，不认识，有点歉疚的样子，说王老啊，在这里住的时间太长啦，动一动吧，铁路方面对不起您。一动就动到了会文路，第三个家。

那是1978年。是铁路局新盖的干部宿舍，在上铁一小的校办农场地皮上，一共八栋，方方正正八个大水泥盒子，楼下开个门洞，每层平均开些窗口。楼高六层，没电梯，年纪大的住顶层要命了，我现在这么想，当时六七层楼没电梯的房子多得是。现在也不少。还好，我们家在四层，想想那时父母上下楼也真够呛，妈妈还风湿性关节炎。楼道上没灯，灯座倒是有，就是没灯泡。晚上回家黑咕隆咚上楼，永远能碰上两种动物，翻垃圾袋的流浪猫和搂在一起的男女青年。

爸和家里的紧张关系缓和下来就在这里。他办了离休，成天在家，酒少喝了，烟也戒了。我们几个谁在家他都笑嘻嘻地搭话，很赞赏的样子，刚开始不习惯，被他搞得不知所措。

风平浪静了两年，爸身体不舒服了，成天咳咳嗽嗽。去医院检查，医生说肺出了毛病，估计烟抽的，爸说我戒烟两年了，医生说二十年以上吸烟史，戒也没用了。爸回家后坐着，有点闷闷不乐，然后就让我去楼下买盒烟，说不抽白不抽。

接着就是一年多的住院史折腾史。起先住在铁路医院，爸还能下地走动，就在走廊上来来去去。他悄悄告诉我，这病区都是癌症病人，都治不好，就我不是。老头您真有意思。有一天晚上，我去病区外的大厅抽烟，看到楼下警灯闪闪，有一些警察在住院部大楼后边的空地上忙什么忙，过了一会儿，砰地响了一枪，接着闪光灯一亮一亮，没多久电梯就忙碌起来，从底层忽隆忽隆直接去了顶层的手术室。

铁路医院住了半年，可能情况不好，医生推荐去长海医院，说解放军发明了一种新医术，可以试试，就去了。新医术就是用很粗的针头从背部把体内积水抽出来，再换个针筒把粉红色的抗生素药液打进去。爸成了小白鼠，疼得直哆嗦。夏夜，呻吟连绵不绝，蚊虫纷至沓来，那首《外科病房》的诗就是我在陪护的躺椅上睡不着写下的。

新医术不见效，又回到铁路医院。爸烦了，就问到底什么病，怎么不见好。很长时间了，我们瞒着，他大概也不想知道。到面对的时候了，妈说老王你看看这病区，还不明白吗？爸就不说话了。然后，他请医生把球蛋白什么的都停了，留下镇痛药，说要有办法大人物都不会死，就是没办法。然后，过了一天，递给我一叠信封，给几位叔叔伯伯的，说他们身体都不好，别惊动啦，等送走爸爸再发信去，就说爸不在了。一叠，七个信封，爸这辈子到最后才七个朋友。

爸有几张延安鲁艺时期的照片，沙飞拍的。爸说起过沙飞，还有向隅。爸说能活到今天不容易了，幸亏早早地离开那该死的文艺战线。沙飞，同乡，摄影家，老师辈的，参加过北伐，拍过鲁迅和白求恩，后来精神失常，杀了日本医生，被华北军区枪决了。向隅，音乐家，爸的老师，到东北又是领导，延安甄别时就被吊在枣树上打，没死，后来每次运动都轮到他，都能侥幸逃生，没想到文革一来，被揪到上海，让音乐学院的学生七手八脚打死了。

我希望自己走的时候也能有爸的心气，也能像爸这样自我消遣一番，过得好不好不由自主，活过了，可以了。想起爸时常捣乱，子女经常要填表填什么家庭出身，他今天说归国华侨，明天说八路军，后天又说老工人。我哥后来怀疑了，说不对吧，应该是职员，爸说职个屁员，职员是资本家狗腿子。我那份档案里家庭出身一定乱七八糟的，被组织上掌握着。

爸离休前的身份是桃浦站副站长。我知道他的政绩之一是为职工争取了每人每天发一瓶牛奶，那是个危险品车站。追悼会的那天，一半是桃浦站职工，从大厅站到外面，师傅们没想到笑嘻嘻的老王还是老革命，以前还混文艺界，现在说法，顿时集体懵圈了。

我这记性，尽记得那些荒唐了。在中国，荒唐就是现实吧。有一年，美国诗人约翰和安妮夫妇在复旦，教学之余和学生一起编译一本中国当代诗选，我负责推荐。大概讨论时我抽烟太多，他们印象太深，诗选出版了就叫作《烟》。为了获得授权，我把译稿寄给一些诗人，都说译得非常出色。我们讨论过好多次，在复旦外教住的公寓。有一个晚上，说我的《纪念》，约翰说全世界的儿子说到父亲都会有一种愤怒的情绪。我看看他，不像。不过想想也是，就放下了。摘几句《纪念》吧——

我吹灭火柴

一抬头看见了你

在镜子里抽烟

你每天早晨坐在那里

觉得纳闷

你皮肤黝黑

毛孔粗大

你很聪明

所以无能

你每一次发火

其实都是在骂自己

你的眼里掠过悲哀的雁群

秋天快过去了

我就是你

礼拜天,睡个懒觉,起床,洗漱,汗衫短裤出门,到楼下的粮油店零拷光明牌散装啤酒,一热水瓶八杯,普通玻璃杯。再去菜市场买两根新鲜黄瓜,去饭店熟食窗口买一包油炸花生和两根红肠。然后回到楼上,喝喝啤酒,读读书,写写字,一天就过去了。

这是在彭浦新村,我自己的第一个家。爸给我一把钥匙,说你搬过去吧。想想又说，给你买了桌椅，买了床。

房子是妈妈落实政策增配的，理由是儿子大了要结婚。也算是被隔离审查、被送去干校后的补偿吧。本来走资派、工作组的问题已经整得差不多了，就等解放出来重新工作，在家休息闲的，去看望以前铁路的老领导，进门才听夫人说因为重大问题，老领导被抓走了。夫人转身汇报上去，没几天，妈就从家里被带走了。那是个子虚乌有的特务案件，文革没结束就撤销了。

找到那栋七十年代造的简易公房，五层楼，我在四楼。进门是水斗，过道算厨房，里面是间十来平方的屋子。没有卫生间，厕所在门外走道上，两户合用。彭浦新村还有更简易的公房，楼梯上去每层一个口子，家家倒马桶，跟有的楼房倒垃圾一样，哗啦就下去了。我意思是要求不高的话，有我这样的一室户够好啦。

开门进去，果然看见一张小方桌，两把椅子，一个单人的折叠式钢丝床。坐下来，抽支烟，定定神，好吧，这就是自己的家了。

这时我已经离开老厂，去了青年宫工作。半年后，明白爸的病情了，想趁他还在，把婚结了。我去福州路买回来几十张木纹纸，青年宫美工组的组长小潘来了一整天，清理干净墙面，刷上化学糨糊，把纸浸湿了贴上去，等干了以后，又平整又光滑，乍一看跟欧美的牧场人家一样。然后，约了老厂的小兄弟王文杰去闸北公园，给我和小荆拍了几张黑白照片，放得大大的，无框玻

璃装好挂在墙上。然后，就可以换上西装出门去结婚了。西装是单位借来的演出服，口袋里还摸出一条蓝色丝绸领带，正经系上，真的一样。婚礼酒席托了滑稽演员王一帆，中午在城隍庙的绿波廊饭店办了几桌，五十块一桌，就家人和亲戚。晚上比较热闹，在青年宫办了一个舞会，我的中学同学、老厂工友和写诗结识的朋友都来了。中学同学徐鸿喜为首，送了一套刚出的《辞海》，大概认为我语言基础有待提高，三大本，三块长城砖头，重得要死，现在还在书橱底层压着。诗人居有松师傅写了一幅字，"酒渴思吞海，诗狂欲上天"，这是嫌徒弟太老实了，勉励我以李白为榜样。你们还有谁送了我什么，想想看，说出来，兴许我都留着。

其实这是我第二次住在彭浦新村。第一次住的是老厂宿舍，就在共和新路拐进闻喜路后不远，是最早造的苏式公寓，四层楼，地板房间带阳台，一梯两户，户内南北两间卧室，有厨房，卫生间有浴缸。这房子放到今天也不差。不过我住进去已经改造过了，户门进去，厨房改成一小间住一人，北面卧室一人，朝南卧室最大，合住三人。我住朝南带阳台的，同寝室还有车工薛师傅，我离开了他才病休回乡，另一个是电工，比我小一点，不怎么样，后来搞流氓阿飞活动被抓走了。

那时的彭浦新村还很安静，说萧条也没错。近郊，离老厂3公里，离市中心人民广场11公里。新村范围不大，多年来保持原状，南面场中路限死了，北面临汾路就是边缘。春秋季节天好，黄昏时分穿过共和新路到对面农民的菜地里走走，会想起小时候挎浜捉鱼、学农时聚众打架的故事。新村就闻喜路一条主干道，路上就一家百货店和一家点心店。点心店晚上开到八点，我常去吃菜汤面，面条有裤带子那么粗，菠菜不切，成棵下去，吃急了哽在喉咙里要用手指拽出来。过了点就没地方吃东西了，要么宿舍里用煤油炉子煮点挂面，要么饿着肚子睡觉。有次写什么东西到半夜，最后一根火柴用掉了，只好出门去共和新路上等通宵车，乘到中山北路才有日夜小商店，两分钱买一盒火柴，再等车乘回头，来去三小时。师傅说有烟没得火，比死还难过，我有体会。奇怪的是回到宿舍放下心来，烟倒不想抽了。

等到我1981年再住进来，闻喜路已经热闹多了，彭浦新村也扩大了，东面延伸出去，造了不少新公房，北面扩展到一二八纪念路了，共和新路西面原来的大片菜地上也一栋栋造起了楼房。重回旧地，人已经离开老厂。新村里住着老厂很多师傅，也有领导，碰到总有点不是滋味。我离开老厂不是很情愿很愉快的，现在倒好，每天上下班公交车会经过共和新路3001号老厂门口，只好转过头去，不看。

所以，记忆里首先跳出来的就是礼拜天的啤酒、红肠和花生米。

我没想到多年以后有段时期会经常开车来彭浦新村，2009年秋到2010年春。这里的社区医院是中国最早建立临终关怀病区的，国际通行的方法比较成熟，我托人把癌症后期的岳母送了进来。多年以后的事了,我不过借地点说说,没关系吧?

岳母出身上海人家,学生时期从军,职责就是监听,谍报人员吧。有些事是她去世以后我才听说的,在的时候问她,说有终身保密的义务。岳父因公殉职后,她带着三个女儿转业回沪,地方上让她去无线电厂,以为专业对口,其实根本不搭,只能做一般干部。晚年患病不起,这辈子过得确实辛苦。

想起临汾医院,还是心存感激。特别是病区护工,真没见过这样的妇女,成天围绕来日无多的病人忙碌,还乐呵呵的一脸阳光,像传说中的教会志愿者。岳母顽强,住的时间也长,半年多,我们不可能随时守在医院,是护工在替我们尽孝。岳母过世,我们赶去医院已经处理停当了,是护工守在床边等候亲属赶到。

第二天早上,我在医院门外等殡仪馆的车子来接岳母。临汾路已是步步店家,热闹得像外地哪个县城了。奇怪,忽然想起顾城来过彭浦新村我家,1982年春天,他身穿风衣头戴自制筒帽就飘来了。晚上,不肯睡床上,和我们抢着睡地铺。第二天上午,到附近走马塘踏青,下午才回城里去。过几天碰到,说回去当晚就发烧了,赖我让他着凉了。

顾城见我家里有小提琴,非让我拉给他听。多年不碰,手指不听话了。他不在乎,眼睛大大地盯着我,说小龙你就别假装土匪啦。

月黑风高，只闻其名不见其人的凶神杀到。凶神进门收拢拐杖的双戟，叫口渴，要啤酒，冰镇的。老马啊老马，说到你就能听见你那条声震云天的嗓子了。夏天，门窗大开，要早起上班的邻居已经迷糊过去了，睡不着的都在楼下乘凉。老马，这是工人新村，你小声点。老马吼道，不在工人兄弟中间我还不这么放肆呢。加我五个坏蛋，喝了一箱二十四瓶啤酒，然后送老马进城去找借住的好人家。经过人民广场，又说得汹涌澎湃，老马放声大笑，都下半夜了，笑声一路过去，把正在路灯座上缠绵的老少鸳鸯蝴蝶惊得跳将起来。老马，这是人民广场，你小声点。老马有话，人民的广场，人民笑，我们就是人民！俨然当年行走在星星画会漫步行动前列的铁血汉子。

这次是二楼，低多了。不过窗口还是比周围两万户房子高一点，看出去屋顶和老虎窗连绵不绝。这楼是爸生前督造的。他天天拿着一卷建筑图纸回家，没事就摊开来看，看得懂吗您？老头发挥余热是有条件的，自己想要一套，为我。当时考虑父母不时要来，我特地选的二楼。我把彭浦新村的一室户交给铁路，换成这里的两居室一套。楼刚盖完，钥匙还没拿，老头先走了，都没踏进来过，别说住几天了。

68路公交车停在光新电影院门口，这一站叫光新路棉纺新村。可能沪西的纺织工人太多，甘泉新村住不下，就向南造到沪宁铁路这边来了。下了车，过马路，从对面的棉纺新村夹弄里穿过去，西面就是光新路铁路宿舍，老房子像棉纺新村一样，也是两万户，规模小一点，中间立着几栋五六层楼的公房，是七十年代后陆续造的，我家就在这里。

二楼，低有低的好处。钥匙忘带了，我就沿着落水管爬上去。有一次是冬天，窗都关严实了，砸了玻璃才翻进屋。铁路宿舍的邻居都知道，小龙爬楼有一套，人家门反锁了钥匙丢了也来找我爬落水管，我成什么了我？好坏也是个写诗的。

因为住在二楼，楼下动静听得特别清楚。我常常在天蒙蒙亮的时候醒来，楼下婆婆妈妈说话像在我枕头边上喊，就是互相打量菜篮子时说的话，那些口音很重的中国话，那些干干净净在晨光中飘荡的中国话。原来中国话这么好听，在天蒙蒙亮的时候。我一动不动地躺着，听着，有时会忍不住笑出声来。

接着是孩子们的声音。这时候我已经起来了，在盥洗室慢吞吞地刷牙和刮脸。真奇怪，不管搬到哪里，楼下都有个小学，都有那些欢天喜地没心没肺的吵闹，一大早绕着楼房流淌。有时也会突然对骂起来，听上去不难听，很干净，一点不下流。长大以后再这么骂就不对了，脏。那时的孩子，可能词汇量不足，想象力不够，骂来骂去那几句，就像这样——

你猪头。

你才猪头。

你妈逼。

你妈才……

女儿小小在这里长大，直到小学毕业。她出生当天，我回家煮黑鱼汤，隔壁奶奶来问，名字起了么得，我说还没，奶奶想了想，说叫个红梅蛮好的。我手中握着的已经剪开肚皮掏出内脏的黑鱼猛一扭动，滑落下来把盆砸翻，一盆水全泼在我身上。我抄起剪刀一顿戳，那个丧心病狂。

有年冬天，我可能比较空，可以带着女儿到后面田野里去走走。当时华池路还是一条脏脏的野浜，对面是农民的菜地。女儿吃了晚饭闹着要跟爸爸去散步。她在我腿边走，也就我腿那么高。她把滑雪衫拉链拉开，两条小胳膊夹着两边衣襟，手插在裤兜里，一摇一摆往前走。我说小小你敞着衣襟干吗？她说潇洒呀。

小时候小小常有一些古怪的举动。有一次把我手拉过去，在袖子上用鼻子闻啊闻。我说闻什么呢傻孩子，她说闻爸爸的味道，爸爸出差的时候，每天闻闻爸爸的衣服，好像爸爸在家一样。

就这铁路宿舍二楼东北角的小房间，那几年好人坏人来来去去，喝掉我多少啤酒啊。比较重要的当然是一起写诗的七八个，其他有本地的几个诗歌活动家，复旦和华师大的几个才子，外省一些流窜人物也接踵而来，有几个还住过。这里保留他们的姓氏，隐去名字，因为他们都活得比我有成就，人比人，气死人。比如青岛梁某，北岛说他老是反客为主，去饭馆吃完要结账，他大喝一声都别动，把一沓人民币往桌上一摔，这霸气。青岛的还有刘某，那年我从青岛坐船返回，刘某带着媳妇一路同行，在四等舱里,他很耐心地辅导我分析埃利蒂斯。带着媳妇来住过的还有西安王某,我最珍贵的一件文物汉代云纹瓦当就是他送的,其实他也是青岛出来的,媳妇东北人,外语专业,他们把家安在临潼兵马俑的门外,然后合作翻译外国诗歌。还有成都的骆某,也带着媳妇来,一个一个地给我举荐四川崛起的才子,听上去都像是杨炼的史诗和神秘主义写作蛊惑出来的。骆某回去没多久就被才子们派司了,又被媳妇派司了……我现在想想这帮家伙的媳妇真的假的都不知道,也没查查结婚证什么的,就把房子腾出来让人家住。

我现在想想上述提到名字的好人坏人都欠我的,当时的一瓶啤酒,相当于今天的一瓶茅台吧?当时的免费留宿,相当于今天的五星级宾馆待遇吧?只有骆某还念旧情,前几年让我写了一篇小画评,然后送了我一大幅那位画家的油画。说起来,我那铁路宿舍二楼东北角的小房间,应该是相当稀罕的在野文化地标,不能拆不能动,还应该钉块铜牌什么的。

三十多年前,老马移居巴黎前,在上海办了个不太大的个展,原张大小的宣纸上画着似是而非的汉字,我问他什么讲究,他说我这不是要去懵老外嘛。老马啊老马,当时我就有预感,没了北京,没了卤煮,没了涮羊肉,没了对手,出去你能过得好吗?你现在瘫在巴黎郊外的哪家疗养院,拐杖的双戟没被那双无所不在的大手折断,却被一次美国之旅的车祸碾碎,你死了几年,再出现时双戟改成了风火轮,你坐在轮椅上……再别提什么行走和前卫吧，是的你为星星画会三十年的答问我早看到了，前年巴黎画展上你的灿烂我在网上也看到了，可是……这叫什么事啊。

老师郭绍法的信里写过，那两条铁轨总是伸展在你写的文字里，让人相信你的真诚。这是一种关于生活、记忆和写作的比较老套的说法。其实人到中年，到了我搬进香泉路铁路宿舍，到了住过的第六个地方，我没想到火车、铁轨和车皮成了烦人的东西。

装修用了我整整一个礼拜的空余时间。地坪是水门汀，本来刮糙就做得相当平整光滑。我大至计算了一下面积，去买来最便宜的化纤地毯，把卧室全铺满。多余一块，摊在客厅中央，好比上帝脚下的蓝色祥云，托举着哪个官僚资本家用过的欧式椭圆形茶桌。爸爸留下的东西已经不多了，这茶桌要跟我一辈子的。另一间的地坪就算了，女儿上了市三女中，住读，一礼拜才回来一次，大部分时间充当储藏室，堆着十来个塞满书籍的纸箱。

窗帘很重要，没窗帘的房间是监狱。我把老房子拆过来的灰色纵条软式百叶帘装好，转转操纵杆，阳光就听话地一会儿照进来，一会儿退出去。

把固定地毯剩下的细木条量好尺寸，一根根锯齐，悬空排列在盥洗室顶上，没什么用，意思意思。考究的是窗子，去找木匠做了对开木窗，固定在钢窗里面，盥洗室就有了保温的双层窗。

再找些窄木板，一面刨光，钉成踏脚。油汀烧热，水烧热，淋浴时张望北面的冰天雪地，就有了身在北欧木屋里的庆幸。

那时北面还是刚刚围圈起来的农田，荒芜一片，很难想象后来的万里住宅区。

我搬进去只有香泉路铁路宿舍，在棉花仓库后边。从市中心过去，一路向北向西，最后回家的路只有一条，铁路沿线的交通路。这沪宁线，建成以后很多年里都是沿着城市边缘走的，后来城区陡然胖了出来，铁路就变成穿过北区、西区的拦路虎了。沿着交通路斜插过去，到真如站背后，顺手右拐，进香泉路宿舍，让人猝不及防的是弄堂当中又横穿出来一条铁路，是不远处棉花仓库的专用线。这棉花仓库的历史我没兴趣查，估计跟解放初期陈云到上海解决两白一黑危机有关，跟沪西的棉纺厂有关，我奇怪的是它怎么存在至今，还有火车头带领车皮进进出出。

已经是90年代中期了。我调到电视台重新学徒，三年出头好像可以做做了。40岁学吹打我容易吗？那帮自以为是的老家伙小家伙统统扑过来做老师我容易吗？我唯唯诺诺听指教，那个时代过来的，做孙子谁不会啊？就假装认真，假装随和，假装和颜悦色，有机会就自嘲一番。自嘲不是讨好，不是自保，可能的确是讨厌自己吧。这一路走来，又疲惫又恨恨不已，不自嘲过不去。自嘲比阿Q的精神胜利好一点吧？

白天混在无知无畏做新闻做文艺的同事中间，也难免莫名亢奋起来。晚上越过大小两条铁路，回到城市西北一隅，听朋友刚从国外带回来的正版爵士50年，听那些烟酒嗓子的讲述，我像楼下道口值班室里为铁路服务了半辈子的阿进师傅。坐在客厅那张椭圆形茶桌旁边，忍不住又想起了父亲，想起他许多有趣的时候。想起他把小提琴夹在两腿之间当大提琴拉的样子。想起他提到海派这个词会撇撇嘴表示不屑。想起他有一次唱了起来，羊找妈妈什么的，说是海南民谣。想起他带着桃浦站的装卸大组长回家，说师傅加班晚了饿坏了，两个人喝酒喝到半夜，我醒来上厕所，听见他们基本上是各说各的经历和感想。想起他病重时我跟肖岗老师去南浔采风数天，一回来就赶去铁路医院，爸已经没力气了，一只手伸出来搂住我脖子，拼命地。

爸委委屈屈地活过，现在我委委屈屈地活着。这世界差不多所有的好人都活得委委屈屈。九十年代，讲的是有口饭吃不错了，除非你不耐烦了去死。无非是打工挣钱养家糊口，回老厂是回不去了，电视台能收留我就是无上宽容，还要怎么样？

有一天半夜，我高烧得有点吃不消了，想出门打车到医院挂吊瓶。晃晃悠悠下楼，黑暗中隐约看见阴森森一堵高墙横在面前，原来是棉花仓库出来的一列车皮，在等调度命令上沪宁线。我蹲下来等，等到没知觉了，不知道火车什么时候开走的，醒过来天已蒙蒙亮，我像个醉鬼似的横躺在小路边。住在香泉路的时候，我见过铁路宿舍里的病人抬出来，专用线对面等着的救护车呜哇呜哇叫唤，两边的人眼睁睁看着横在中间的车皮，急得一点办法没有。

他妈的这两条铁轨早晚要害死人的。

总算突破边缘,越过苏州河,挺进大上海了。产证上说是卢湾区,陕西南路东边单号,马路西边双号是徐汇区。步高里进去,三幢大楼中的一幢。因为有电梯,所以叫大楼,有点突然地耸立在小洋楼和石库门连排房子中间。2000年以后,这样高度的楼房叫小高层,很讨巧,不过我住的楼房建于1991年,设计和管理跟后来那种精致的楼房相差太远。电梯正常运行的时候,吱吱嘎嘎一路,闭上眼睛你会以为要拉开栅栏铁门出去。楼道破旧阴暗,假装历史悠久。比较讨厌的是楼上随处停放自行车,堆着人家觉得不便留在室内的杂物。开门进屋,房型很小,小到分配给我房子的台长说了,给你看书写字的,怎么全家搬进去了?

瑞雪大楼背后北面是绍兴路,短短的一条。上海的出版局和几家出版社在这条路上。东头近瑞金路有一家画廊叫"角度",是诗人、抽象画家许德民的。有意思的是德民兄是我光新路铁路宿舍的邻居,以前他还是复旦学生的时候,周日下午常来我家坐坐聊聊。英雄莫论出身,现在人家在梧桐公寓买了大房子,又在绍兴路上租洋房开画廊,端的可以。抽象没那么简单,他在"角度"告诉过我,没十年工夫抽象不了。绍兴路西头是陕西南路,批评家朱大可的老房子在那里,几幢小洋楼,不知道他住哪幢。有次在路口碰到,大可说我知道你的这几年,你很好。接着说到王朔,说他要玩儿,玩儿什么玩儿,玩儿自己,玩儿鸡巴。真的

搬东搬西 245

他是卷着舌头说的。绍兴路中间有一家"汉源书屋",摄影家尔冬强的,我在书、老式照相机、摄影机、各式牌匾、明清和民国家具的满目琳琅当中,碰到尔夫人李琳,我同事。尔冬强那时从新疆拍摄回来不久,黑白照片大大的挂在墙上。李琳说黑白没那么简单,不是随便谁都可以弄黑白的,我说对啊对啊,心里有点疑惑,照相术一开始不就是黑白的吗?

"汉源"就成了我家客厅。住宅小,待不了客,都约在"汉源"。人物不说了,反正都是好人,都比我好。女儿考律照期间,还去"汉源"当服务生,李琳照发工资,惭愧。以后尔冬强在他田子坊的艺术中心为我办过朗诵会,那气氛,不会再有了。2015年"汉源"在文化广场那里开出了气派的新店,可我有机会还是喜欢到老店坐坐,近,随意,夏天穿着拖鞋也行,坐在里头想想在这里面对面坐过的人物,回放一下当时情景,我大概人体自带摄像机和录音机的。

大楼前面夹弄出去是建国西路。路这边有过"席殊书屋",很有名的,好像还是上海的总店,不过我不知道分店都在哪里。有次看到一辆个位数号牌的轿车停在对面,老市长汪道涵下来,穿过马路走进书屋去了,让我对市长、对"席殊"刮目相看了。稍微有点问题的是那辆轿车在禁止停车的建国西路上等着,小号牌嘛。

好像很多作家都跟"席殊"有点关系。我去买《五根日记》的时候,说我是陈村的朋友,柜台后的女士马上给我折扣,还给我办了优惠卡。总是托一个人的名头不太好,下次我就说我是王安忆的朋友,过段时间说我是沈宏菲的朋友,是毛尖的朋友。只要不说是小宝何平的朋友就行,他是"季风"的,同行是冤家。后来我想去补充说是金宇澄小白黄昱宁彭伦的朋友,刚掀开门帘踏进去,柜台后的女士笑了,问先生侬今朝是啥宁朋友啊?

"席殊"已经没了,就活了数年。建国西路上的少年宫和体育馆还在,名字换了,还多了几块牌子。75号的市公安局什么机关先改成经侦总队专用,前几年又换成了市检察院,不要说坏人害怕,好人也害怕的,走过去会担心里头伸出手来拖你进去。

步高里离文化广场没几步路,我家走道北面窗子就能看到,有票的话看到那里有动静了再下楼走过去不迟。那下沉式建筑做得不错,街沿放宽,不设围墙,里边一片草坪起伏,北面复兴路这里是树木和行道灯交错的广场。它建造的时候是我遛狗的好去处,直到现在,我家小少爷经过那里就要窜进去,它心想这是我的领地,凭什么你保安小哥要管我。

不计较了吧。不计较这楼房身陷1930年的石库门重围之中。不计较头顶上永远的电线蛛网、湿淋淋飘荡的床单和衣裤像永远的尹雪艳。不计较进来的一百米狭窄弄堂里有鱼贩肉贩开的铺子,有两家不太清爽的发廊,有大小两个烟杂店兼公用电话亭,两个垃圾桶集中点,一个公用厕所兼倒粪站,一家街道敬老院。不计较邻居们一半是"原拆原还"的动迁户,电梯里抽烟、抠鼻屎、交流麻将心得,嘴角和垃圾袋滴滴答答。刚开始9楼也住着一个叫做王小龙的人,我还认识,以前是派出所所长,后来升上去了。两个人的信件经常塞错信箱,我光火了,说要么你搬走,要么我搬走,两个王小龙住在一幢楼里要出事的。他就搬走了。

没什么可计较的。关键是这房子分配给我以后没多久就取消福利分房了,关键是我没花多少钱就把它买下来了,再计较什么建筑设计人文环境物业管理好意思吗。

在这里住到安全落地光荣退休。这期间做过不少片子,远不止大家知道的《一个叫做家的地方》和《莎士比亚长什么样》两部。那几年我还忙进忙出张罗同事们接踵而来的片子,你们记性都不错吧,是不是想起来的时候请退休老汉吃个饭什么的。

卢湾区已经没了,南市之后,卢湾也被黄浦了。一下子感觉自己也曾经是打桩模子,朋友美格里有哦?

2013年,我哥第二次心梗住院,我从郊外住回这里。女儿去芝加哥读学位,小荆也去陪读,姐姐和弟弟又远得够不着,就我。重症监护室不让陪护,白天守在门外,晚上回家睡觉,就怕半夜电话响起,不会有什么好事的。电话还是响了,其实我刚从医院回来。最热的那几天,我这做弟弟的也算狠心,三天送了三程,第一天送到太平间,第二天送殡仪馆,第三天大姐来了,入殓火化。抄几句当时写的,纪念哥哥带我走过的童年和少年。后来他去了黑龙江,回来的时候已经是病人了——

找出哥哥没穿过几次的皮鞋

鞋底凹槽藏着一块柏油

你用手指抠它出来

问它是哪年哪条路上的

然后就住到了这里，城里的人算是冲了出来。

小区叫做"白马"，和公孙龙没什么关系，现在和王小龙有关系了，这人这辈子活得很具体，一点不抽象。这里人气还算旺盛，郊外比较少见。晚上几个地下车库都停满，地面上也一辆接着一辆，晚归的转半天找不着车位。好在大部分时间感觉安静，除了空中三五分钟一架起降虹桥机场的飞机，除了快递小哥络绎不绝的电动车，除了黄昏时分孩子们的叫嚷。

半敞开的地下车库真不错，下雨天遛狗不成问题了。住卢湾的时候麻烦死了，我家小少爷不喜欢雨衣，早晚各一趟，弄得湿淋淋脏兮兮的回家。

小区空间和绿化面积都算得上慷慨，几处绿化小品的设计和养护也品位不俗。树木不说名贵，赏花赏叶赏果都有的看，遍地杜鹃、月季和茶花之上，处处樱花、红枫、桂花、石榴和枇杷，春天玉兰开出一树白鸽，秋天柚子金黄，编钟似的摇晃着笑傲寒冬。就有一样纠结，东边那大凉棚的紫藤年年疯长，一串串的花朵倒是奇异，藤蔓把四周几棵大树绞杀得枝叶飘零。

住郊外有好友做邻居，这叫福气。同在"白马"，住着"披着律师外衣的艺术家"孙理波，年轻时任教中国政法大学，诗人海子在大红门张开双臂的照片就是他拍的。有电影学教授万传法,力气大得惊人,论著、剧本、小说拳打脚踢,抽空还导演了一出现代戏。不是住一起才认识的,是认识了才发现住一起。君子之交吧,平时各忙各的,十天半月见不着,有空闲有心情就约了聚一聚,喝酒聊天。

小区居民各地口音都有,没多少本地人。也好,反正搬来搬去都像个异乡客,都觉得格格不入。才知道和这个世界打交道,是一个求同存异的过程。人活着不都是在拼命求同存异吗?倒不是上了岁数求同存异的能力开始退化,我是希望尽量减少求同存异的付出。

那就少打交道。

春秋季节天气好的时候,露台上坐坐,一杯咖啡一支烟,想装作是在巴黎郊外。可是不行,一空下来,别的毛病暂时没有,有了大把时间忧国忧民。更过分的是忧天下,气候变暖问题,经济衰退问题,动物保护问题,恐怖主义问题,难民问题,左派右派问题,英国脱欧问题,美国川普的问题,半岛危机和朝鲜金小胖的问题……都他娘的问题,落叶似的撒满露台。我像个大人物似的每天忧心忡忡,刷新闻刷得不肯早睡。奇怪的是明明危机在梦里都被我非常智慧地摆平了,醒来却想不起怎么摆平的,只好继续忧心忡忡。

除了老太太那里不时要去看看,除了还有一些社会义务,不出门的时候,理一些旧时文字,也写一点新的。有贵人相助,先后出了一本随笔集和一本诗集，试试看吧，也许还可以出两三本。倒是想过，生活方式不一样了，写诗的路数也改一改？比如这样——

> 我装作醉汉的身形走回过去
> 穿过密谋和马蹄出没的时刻
> 你们躲在暗处挥舞捡来的乐器
> 吹奏出虚构已久的雨中赋格

《雨中的马》，这是在向两位老相识致敬。也可以这样——

> 记忆是时间之藤上的葫芦
> 繁华飘零，它们开始金黄
> 渐渐坚硬的肚子里尽是
> 渐渐坚硬的名字，沙沙作响
> 总有些往事在风中传播
> 总有些谎言被闪电照亮

《记忆》，这不知道是在下意识地模仿哪个蠢货。

后记：一切并没过去多久

整理这些文字，一不留神就会和过去的自己不期而遇。谁都有面对自己的时候，都知道并不是什么愉悦的经验。饥饿和屈辱的年代，马虎和麻木的年代，自不量力的年代，头破血流的年代，陡然升起的背景前，过去的自己又熟悉又陌生地接踵而来，往往是你还没从错愕中清醒，他已飘然而去，影子长长地拖着支离破碎的人生。

这些文字大多写在网上，作家陈村主持的论坛"小众菜园"。真好，写一段贴一段，有时干脆在线打字，鼠标一点，传送出去，那种即时发表的快感是爬格子写作时期无法想象的。真好，可以装傻充愣，可以改头换面，可以丢掉日常的惺惺作假，可以不在乎你来我往的方式。我虽野蛮，菜农们却很友好，宽容和勉励都在跟帖的方框里了。这个已经不复存在的论坛，当年都有谁谁出没就不说了，恐有大旗虎皮之嫌，我会永远记得几位线下交往也同样不虚伪不矫情的人物。

我写诗，相信诗是高明的虚构，也是高明的非虚构。我也做纪录片，明白纪实比较危险，杜撰相对安全。这些文字的写作介于非虚构和虚构之间吧。让我不太自信的是少年、青年时期的经历，荒唐和混乱年代中的那份欢快，读者是否能够理解和认可。说真的，每篇背后都能带出一大堆令人难堪的往事，情境记忆、感官记忆太好的人就这点麻烦，毫无防备地被过去伸来的一只大手攥紧心脏，啥名堂呢。于是，尽量写得好玩些，讨喜些，不然会被记忆的浪头拍死。

这本小书大致分为三部分，前两部分看上去故事性强一点，后面就真有其人从实招来了。因为起先想的就是写到1979年为止，那年我离开工厂。前几年陆续投稿《上海文学》，都发表了。整理成书的时候神差鬼使增加了后来的几篇，最后的《搬东搬西》也写在好几年前，不过补上了最后一次搬家。这些年来，上海人谁家没搬过？一个个家，串联起一个个人一件件事，也算回头收拾足迹的一种方式。比较突兀的是《凭什么》，诗集《每一首都是情歌》的后记，记录了八十年代以来"生活的一部分"的感想，诗的行旅中的感想，那无可救药的浪漫性情，不会多余吧？

感谢作家金宇澄的鼓励和推荐，感谢作家朱耀华耐心而专业的编辑工作，感谢艺术家一毛的摄影作品，感谢艺术家张志全的装帧设计，感谢文汇出版社的爱惜和信任。

人生不过短暂一瞬,所以,一切并没过去多久,就在这薄薄一册之间。

2017 年 12 月 10 日

图书在版编目（CIP）数据

凭什么 / 王小龙著.——上海：文汇出版社，2018.4
ISBN 978-7-5496-2440-9

Ⅰ.①凭… Ⅱ.①王… Ⅲ.①纪实文学－中国－当代
Ⅳ.① I25

中国版本图书馆 CIP 数据核字 (2018) 第 008976 号

凭什么

著　　者	王小龙
责任编辑	朱耀华
特约编辑	甫跃辉
摄　　影	一　毛
装帧设计	张志全

出版发行	文汇出版社
	上海市威海路755号
	（邮政编码200041）

照　　排	南京理工出版信息技术有限公司
印刷装订	上海中华印刷有限公司
版　　次	2018年4月第1版
印　　次	2018年4月第1次印刷
开　　本	890×1240　1/32
字　　数	110千（照片14幅）
印　　张	8.25
印　　数	1-3000

ISBN 978-7-5496-2440-9
定　　价　37.00元